JN021728

WIZARD

1日わずか
30分間の作業ですむ
株式自動売買戦略

経済的自由を
ストレスフリーで
手に入れる方法

ローレンス・ベンスドープ[著]
長岡半太郎[監修]
山下恵美子[訳]

THE 30
-MINUTE
STOCK TRADER

THE STRESS-FREE
TRADING STRATEGY FOR FINANCIAL FREEDOM

BY LAURENS BENSDORP

Pan Rolling

The 30-Minute Stock Trader :
The Stress-Free Trading Strategy for Financial Freedom
by Laurens Bensdorp

The 30-Minute Stock Trader © 2017 Laurens Bensdorp.

Original English language edition published by Scribe Media, 815-A Brazos Street,
Suite #220, Austin, TX, 78701, United States. Arranged via Licensor's Agent: DropCap Inc.
through Tuttle-Mori Agency, Inc. All rights reserved.

監修者まえがき

　本書は、トレーディング・マスタリー・スクールの創始者兼CEO（最高経営責任者）のローレンス・ベンスドープによる"The 30-Minute Stock Trader : The Stress-Free Trading Strategy for Financial Freedom"の邦訳である。ベンスドープの邦訳書としてはすでに『**強気でも弱気でも横ばいでも機能する高リターン・低ドローダウン戦略——買いと売り、長期と短期の無相関のシステムを組み合わせる**』（パンローリング）が刊行されており、好評を博している。

　さて、システマティックトレーディングに関してはウイザードブックシリーズをはじめとして、ここ20年ほどで多くの解説書が出ている。黎明期のころは企業のファンダメンタルズではなく、市場由来の情報のみに基づいて高頻度で売買を行う手法そのものが珍しかったことから、導入部分のテクニカルな内容を解説したものが多かったし、その後も実践者が少なかったころは、多くのアノマリーが残っており、文字どおり濡れ手で粟のごとく儲かったこともあって、具体的なトレード手法（アルゴリズム）に読者の関心が集まったこともあった。

　しかし、それが人口に膾炙した現在では、システマティックトレーディングは必ずしも労せずしてカネを生む魔法の杖ではないことが明らかになっている。そして冷静に考えてみれば、その体系的なアプローチがもたらす真の価値は、ヒトゆえの弱さの排除や戦略執行の厳格性、外乱に対するレジリエンス確保の容易さなどにあると分かる。

　したがって、最新の解説本である本書が個別戦略の詳説ではなく、互いに独立性の高い戦略を組み合わせることの意義と、トレード戦略を設計者・実践者の個性や事情に合わせることの大切さを強調しているのは当然のことなのだ。なお、前著では主として戦略の組み合わせの効果について述べていたのに対し、本書では後者が強調されている。

一般の理解とは異なり、システマティックトレーディングにおける最適化は、マーケットに対して行うのではなく、それを使うヒトに対して行われなければならない（これは投資一般に普遍的な原則だが、ここでは特に重要である）。投資家・トレーダーが100人いれば、それぞれ適した方法は異なり、100通りの正解がある。だから著者が言うように、私たちは市場や銘柄のことを調べるよりも前に自分自身についてよく知らなければならない。私が長年にわたって観察してきたところでは、投資やトレードにおける失敗や悲劇は、その大半が金融リテラシーの欠如や調査不足などといったことが原因ではなく、ヒトが自分自身を理解せずにそれを行うことで引き起こされている。

　本書がシステマティックトレーディングを志向する人たちだけではなく、資産形成の必要に迫られた多くの人に読まれ、著者のイイタイコト（自分自身を知ることの重要性）が社会に広く理解されることを強く願うものである。

　翻訳にあたっては以下の方々に心から感謝の意を表したい。まず山下恵美子氏には正確で読みやすい翻訳を、そして阿部達郎氏は丁寧な編集・校正を行っていただいた。また本書が発行される機会を得たのはパンローリング社社長の後藤康徳氏のおかげである。

2021年9月

長岡半太郎

目次
Contents

CONTENTS

第4部 効果が立証された戦略

第5部 戦略の組み合わせによる指数関数的マジック

第6部 結論──経済的自由を得るための最終ステップ

愛する子供たち、
ジョゼ、ネイティ、ソフィアへ

謝辞

　本書がこのような形で実現したのはひとえに両親のおかげである。今から20年前（2000年）、両親は私のトレード用にお金を与えてくれた。そのおかげで私はトレードの世界に飛び込む自信がつき、今の私がある。人の子の親となった今、子育てがいかに大変なこと（そして、やりがいのあること）であるかが分かる。子育てをすることで、私の両親に対する尊敬の念と感謝の気持ちは大きくなった。いつも私を支えてくれて本当にありがとう。私はあなたがたを心から愛している。

　私の愛する妻マデリンほど私のことを理解してくれる人物はいない。本書を書くにあたっては、彼女は私の心の支えになり、そしてモチベーションを与えてくれた。あなたの愛、そして内面的・外面的な美しさを毎日楽しむことができる私は世界一の幸せ者だ。終わることのないあなたの思いやりと理解は、私が人生における使命を達成するうえでの助けとなるものだ。あなたを愛している。

　また、本書の序文を書いてくれたトム・バッソには特に感謝する。バッソと話をするときは時間を忘れてしまう。そして、その会話から得られる賢明な教訓は私の心に深く刻まれる。彼のトレードに対するアプローチと、できるだけ最高の人生を送ろうとする彼の姿勢を見て、自分にぴったり合う人生やトレードスタイルを設計することがいかに大事かを教えられた。トム・バッソ、本当にありがとう。

　そして最後に、私のエリート・メンタリング・プログラムの受講者たちにも感謝する。あなたたちは素晴らしい受講者だ。あなたたちを教えることは私にとってこの上ない喜びである。あなたたちは、私が常に新しい戦略を考えたり、自分自身を向上させるうえでの原動力なのである。頭脳明晰で鋭い質問を繰り出すあなたたちに接していると、私の頭の働きは日々良くなっていく。あなたたちが私に教えてくれた

ことは、あなたたちが思う以上に多いことにあなたたちは気づいてい
るだろうか。

免責事項

　本書のなかで提示されるメソッド、テクニック、指標やインディケーターは必ず利益を生む、あるいは損失を出さないことを示すものではない。また、過去の結果は必ずしも将来の結果を示すものではない。本書で提示する実例は教育目的のためのみに使用されるものとする。本書に示すいかなるトレードセットアップも、売買注文を勧誘するものではない。著者、出版社やすべての関係者は、本書を利用したことによって生じるいかなる損害についても一切責任を負わない。トレードは高いリスクを伴うものである。

　仮想的な運用成績結果には明らかに限界がある。実際の運用結果とは違って、仮想的な運用成績は実際のトレード結果を示すものではない。さらに、トレードが執行されなかったために、流動性の欠如といったある種のマーケット要因の影響によって、結果が過大になったり、過小になったりする場合もある。一般に仮想取引プログラムは後知恵によって作成されたものである。いかなる口座も本書に示されているような利益や損失を生むことを保証するものではない。

私が本書を書いた理由

私はよく人に聞かれる——「そんなにトレードが得意なら、なぜ人に教えるのか。自分のお金だけをトレードして増やしていればいいじゃないですか」と。本書では利益の出るトレード戦略を公開している。たかだか20ドルぽっちの書籍代でなんで教えるのか、とあなたは聞きたくなるだろう。もっともな質問だ。それではその理由を正直に話そう。

私がトレードを始めたのは2000年だ。トレード戦略の聖杯を探すために何千ドルというお金と多大な時間を費やした。手に入るかぎりの本をむさぼるように読み尽くしたが、結局、何をやればよいかは試行錯誤で学ばざるを得なかった。役に立つ情報はまったくなかったのである。明確なエッジ（優位性）のある戦略を教えてくれる人がいればいいのに。私が一人前になるまで手取り足取り教えてくれる人がいればいいのに。そう願ったが、そんな人はいなかった。

トレードのやり方を学ぶのがどんなに難しいことかはよく分かっている。あなたがどんなに賢くても、どんなに一生懸命にやっても、それは頼るものもなく、プールの深みで何年もバタバタと泳いでいるような感覚だ。

しかし、実際にはトレードで成功するのは簡単だ。しかし、人間というものは優れた結果を得るためには物事を複雑にしなければならないと考える傾向がある。これから本書で説明していくが、トレードで勝つということは完璧な戦略を見つけることではない。それは、「あなたにとっての完璧な戦略」を見つけることができるように、あなた自身を知ることである。人はそれぞれに異なる。だから、自分の強み、弱み、性格、リスク許容量、自分の状況を知ることが重要なのだ。トレードというものは、人が思う以上に退屈で、プロセスを重視するも

のである。

　スキルをマスターする最良の方法の1つは、それを人に教えることである。これはよく言われることだが、私はこれまでの人生でこのことに何度も気づかされた。エリート・メンタリング・プログラムで受講者に教えていると、各部分を明確に説明できるように戦略をより深く掘り下げる必要に駆られる。教えることで正直になれるし、ハングリーにもなれる。事実、教え始めてから、私のトレードの知識は指数関数的に増え、戦略の欠陥や弱みの多くを取り除くことができた。私の受講者のなかには頭脳明晰なトレーダーもいる。彼らとかかわることで私の頭の働きは日々良くなっていく。

　これほど完璧な相乗効果があるだろうか。集中力があって成功した同じ考えを持った人々に教えることで私は楽しみを得ることができるし、彼らも私もトレードスキルを向上させることができる。

　人生における私の使命は、他人が自分自身をトランスフォーム（変容）できるように手助けすることである。本書でこのあと説明するが、私はトレーダーになるのに、そして今の自分になるのに、多くの努力を必要とした。トレードは孤独な仕事だ。私のプロセス重視のアプローチは成功するのに不可欠であると同時に、退屈なものでもある。しかし、教えることはこれとはまったく逆だ。教えることは喜びを与えてくれると同時に、スキルを向上させるのにも役立つ。私は人を助けるのが大好きだし、新しい戦略やアイデアを開発するのも大好きだし、過去の信念に疑問を呈することも大好きだ。

　私は若いとき、急流下りのガイドの知識向上やスキルアップのために多くの人の指導に携わった。やり始めて、自分は他人を手助けするのが得意であることにすぐに気づいた。そして、それが好きであることにも。そしてのちに、自分は戦略的トレードが大好きで、そのスキルを持ち合わせていることを発見した。私の人生における使命は明らかだった。これらを組み合わせればよいのである。私の使命は、他人

が自分自身の戦略的トレードアプローチを構築してお金儲けができるように手助けすることである。

本書に登場するどの戦略も明確なエッジを持ち、本質的にシンプルで、簡単に学ぶことができる。これらの戦略はうまくいくだけではない。これらはフレームワークでもある。つまり、あなたの信念、目標、性格、リスク許容量に基づいてあなたの戦略を構築するときの土台になるということである。これらの戦略はあなたに合うようにどのようにでも調整することができる。人はそれぞれに異なる。だから、トレード手法が違っていても当然だ。

本書に書かれたステップに従い、あなた自身のアプローチがうまくいくことが証明できれば、必ず成功を手に入れることができる。これをあなたが独力でやろうと、私が教えようと、私は使命を果たしたことになる。あなたにはぜひ成功してもらいたい。あなたが成功することが私の喜びなのだ。幸運を祈る。本書を読んでくれたことに感謝する。

詳しくは以下のサイトにアクセスしてもらいたい。
https://tradingmasteryschool.com/

本書に掲載した図表は以下のサイトでも入手可能である。
https://tradingmasteryschool.com/charts-30-minute-stock-trader

ローレンス・ベンスドープ

序文

トム・バッソ

　私が投資を始めたのは12歳のときだった。新聞配達で臨時収入を得て、そのお金で投資信託を買った。それから52年たった今でも私はまだ投資をやっている。投資信託の投資を長らくやって大金を儲けたあと、株式や先物にも手を広げ、登録投資顧問会社を立ち上げた。さらにアメリカにおけるCTA（商品投資顧問業者）として登録し、FXのトレードも始めた。退職後の今は自分の年金ポートフォリオを運用している。プロセス重視であることは昔も今も変わらない。新しい概念を学び、良い投資プロセスに対するさまざまなアプローチを発明することを楽しむ毎日である。

　ベンスドープに初めて会ったのは何年も前のことだ。そのときには彼はすでにトレードコーチのバン・タープとも知り合いで、**『新マーケットの魔術師――米トップトレーダーたちが語る成功の秘密』**（パンローリング）を読み、私のそのほかのインタビューもいくつか読んでいた。私は彼についてはあまりよく知らなかったが、彼は私のことをよく知っていた。この構図が変わったのは、彼がアリゾナの山間部にある私のサマーハウスを訪れ、ビジネス、投資、人生についてじっくり話をしてからである。彼はいくつかの言語を操り、世界中のさまざまな場所でのビジネス経験があり、投資プロセスについても（良いか悪いかは別にして）多くの経験を持っていた。まさに「世界をまたにかけた男」だったのである。彼は私に強烈な印象を与えた。そのあと香港でも会い、それからはスカイプで定期的にチャットをするようになった。

　彼が本書に書いてあることを読んで、私は大いに興味をそそられた。彼は私が経験したことのない多くのことを経験していたからだ。私は

２日間かけて本書を夢中で読んだ。時間があればとにかく読み進めた。中断するのが惜しいくらい面白かった。

　自動化トレードのことを書いた第２部では、トレード執行の弱点を補強するためにコンピューターを使うことのメリットについて書かれている。コンピューターは心を持たない奴隷のようなものだ。トレードの論理的アプローチをマシンにプログラミングすると、マシンはその論理に従ってトレードを執行してくれる。プログラムを正しく走らせ、コンピューターを電源につないでいるかぎり、コンピューターは確実にコードに従いトレードを執行してくれる。

　第３部では自己診断と信念について示唆に富んだ話をしている。私は「お金は悪だ」と思っている人々を知っているし、強欲で、欲以外の目的を持たない人も知っているし、資産管理に１分だって時間を割きたくないと思っている人も知っている。自分自身と自分の信念を明確にできなければ、どんな投資アプローチを使っても確実に失敗するだろう。遅かれ早かれ、そんな投資アプローチは失敗する。すべてのトップトレーダーに共通する信念のリストは読むに値するもので、本のその部分をコピーして、目の前に張り付けて何回でも読めるようにしておくのがよいだろう。

　第３部では、彼は投資とは自分自身にとってうまくいく投資アプローチを確立することだと言い切っている。私は有名人ということもあり、新人トレーダーからは多くの質問が寄せられる。「あなたは買いや売りをどういった方法で行いますか？」と彼らは聞いてくる。私はあなた方とは違う人間だ、と私はいつも彼らに言う。私と彼らとは持っている知識も違うし、スキルも、資金額も、トレード経験も違う。私と同じようにトレードしたいといってもまったく意味がない。自分自身にとってうまくいくトレード戦略を開発することが重要であり、私のまねをしても意味はないことを彼らには理解させるようにしている。

　第３部でベンスドープが次に語る話題は、投資戦略のシステム化についてである。ある年、私は１年間に行ったすべてのトレードを利益が最も大きいものから損失が最も大きいものの順に並べた。すると、１年間持ち続けていた日本円の１つのトレードが、その年に達成した１桁後半のリターンに貢献し、もしそのトレードを行わなかったらブレイクイーブンになっていることに気づいた。もしこの日本円トレードを無視したり見逃していれば、その１年間の私の頑張りは無に帰していただろう。翌年も、２つのトレードが２桁のリターンに貢献し、もしそのトレードを行わなかったらブレイクイーブンになっていた。戦略は人間の力ででき得るかぎりの完璧さで実行することがいかに重要かを私は思い知らされた。

　この例はトレンドフォロー戦略ではルールに従うことがいかに重要であるかを示すものである。しかし、トレードの方法はトレンドフォローだけではない。人によってはベンスドープの本で提示されているような平均回帰戦略を好む人もいるだろう。平均回帰でもトレードはできるだけ完璧に執行する必要はあるものの、毎年１つや２つのトレードに依存することは少なくなるだろう。要は、あなたにぴったりの戦略を使うことが重要だということである。

　人間である以上欠点はあるし、間違いを犯すことだってある。トレードをまったく間違いなく完璧に執行することはおそらくは不可能だろう。そこで重要になるのがコンピューターを使うことだ。私の大学での専攻は化学エンジニアリングだったが、私の取るさまざまなステップを一連のプログラムにしてトレード戦略を執行させることは簡単であることを発見した。私は長年にわたってプログラミングに取り組み、トレードを自動化することに成功した。もう休暇や病気の心配をする必要などない。私の自動化トレード戦略が執行すべき注文を間違いなく執行してくれるのだ。

　世界で何が起こっているかを気にする必要もなかった。ジョージ・

ソロスがイギリス・ポンドの売りで何十億ドルもの儲けを出したとき、私もポンドを売っていた。私が儲かったのは私の投資スキルが優れていたわけではないし、考え方が優れていたわけでもない。ポンドが下落トレンドになり、私の自動化戦略が売りシグナルを出したので売っただけである。私はコンピューターのその指示のおかげで儲けただけなのである。次の1000のトレードもまったく同じ方法で執行された。ソロスのような人やほかの有名なマネーマネジャーが何をするつもりなのかを推測したり、トレードの意思決定をするのに大量のファンダメンタルズデータを見て思い悩めば、疲れ果て、混乱し、トレードを執行できなくなるだけである。そんなことをしても何の役にも立たない。ベンスドープは本書でこのことを再三にわたって指摘している。これはまったく的を射た指摘だ。ベンスドープや私にとってトレードは数字のゲームである。サンプルサイズ（トレード数）が大きいほど、成功する可能性は高まる。私のトレードする戦略のいくつかは、トレードの3分の2以上が損失になることを知っている。しかし、そうした小さな損失を出すトレードを補う大きな利益を出すトレードが生じることも知っている。このプロセスを絶えず繰り返すことで、ときどき1つの大きな勝ちトレードに恵まれるという運に左右されることなく、自分が望む場所にたどり着くことができる。

　第4部でベンスドープは、自分が何者なのかを理解し、市場に対するアプローチをトレードで成功するように設計することの重要性を説いている。おそらくトレーダーが失敗する最大の原因はこれだろう。彼らは立派な戦略を持ち、リスク管理も適切に行っているかもしれないが、トレードに恐怖や感情を持ち込んでしまうのだ。それで、戦略を正しく執行することができず、失敗する。その時点で彼らの頭は次なる偉大なアイデアに向かっている。そしてこのプロセスは繰り返され、大きなフラストレーションを生む。ベンスドープは、性格によって採用するトレードアプローチは異なること、そして、さまざまなア

プローチがどのように機能するのかを、理解しやすい例を使って示している。私はどちらかというとトレンドフォロワーだが、すべてのトレーダーがトレンドフォロワーである必要はない。トレードで成功するための方法はたくさんある。あなたはあなたの方法を見つければよいのだ。

　第5部ではベンスドープはもう1つ重要なことを述べている。それは、意思決定プロセスの大部分を自動化することができれば、1つの戦略だけをトレードする必要はないということである。その昔、運用資産6億ドルのトレンドスタット・キャピタル・マネジメントを運営していたとき、それぞれの投資対象に複数の戦略を使って、株式、20以上の投資信託、70以上の先物、30以上の通貨ペア、10のコモディティオプションをトレードしていた。毎日の執行はわずか2人のトレーダーで行われ、コンピューターの専門家は私を含めて4人、バックオフィスは3人だった。安価なコンピューターサーバーを何台か追加すれば、同じ人員で2倍のことができただろう。戦略を論理的に組み合わせることでトレードの全体的な堅牢さ、信頼性、リターン・リスク・レシオは向上でき、もっと長期的な成功を達成することができることを、ベンスドープは簡単な例を使って示している。私はベンスドープが本書で紹介している特殊なソフトウェアは使っていなかったが、ベンスドープと彼のプログラマーは本書に提示されている概念とソフトウェアを組み合わせ、物事をスムーズに進めることで最高の結果を出すことができたことは間違いない。投資プロセスはその時点でルーティンワークになり、退屈なものになってしまう。しかし、私たちは毎日何の感情も抱くことなく歯を磨く。長い目で見れば歯を磨くことは歯を健康に保つうえでは良いことだが、なんとも思わずにルーティンとして歯を磨く。投資戦略の運用も歯磨きと同じように、なんの感情も抱かずにルーティンとして行うことができる。そして、それは長期的に見れば経済的な健全につながるのである。

第6部の第14章では、これからトレーダーを目指す人に対して重要なアドバイスが紹介されている。あなたの戦略は、どんなにあなたに合っていようと、きちんとリサーチされていようと、市場があなたに投げかけてくる新たな問題に対処しなければならないだろう。戦略が変化する状態にどう適応できるかで将来の成功は決まると言ってよい。ベンスドープはトレードは「ビジネスと考えよ」と言っている。まったくそのとおりである。彼が指摘しているように、興奮やスリルを味わいたければ、そして体中にアドレナリンをあふれさせたければ、それはほかでやったほうがよい。こういった欲望を満足させるためにトレードをするのであれば、市場にずたずたにされることになる。

　トレーダーにはこのほかにも課題はたくさんある。たとえシステム化した戦略があったとしても、注文を執行するブローカーとの問題もあるだろうし、金融危機が発生して常軌を逸した問題が発生することもあるだろう。停電になったり、インターネットがつながらなくなるという問題もあるかもしれない。トレードなどしたくなくなることだって数えきれないほどあるだろう。しかし、本書が示しているように投資プロセスに対してビジネス的アプローチで取り組めば、あなたも自分の殻から抜け出して、成功する投資の旅を楽しむことができることは私が保証する。

　トム・バッソとは……。
● ジャック・シュワッガー著『**新マーケットの魔術師——米トップトレーダーたちが語る成功の秘密**』に「トレーダーのかがみ」として登場
● 『**トム・バッソの禅トレード——イライラしない売買法と投資心理学**』（パンローリング）の著者
● トレンドスタット・キャピタル・マンジメントの元CEO（最高経

営責任者)

●全国先物協会（アメリカの規制組織の1つ）の元取締役

●全国先物協会の元調停人

●アセットアロケーターおよびファンドタイマー協会（SAAFTI）の元取締役。SAAFTIは全米アクティブ投資マネジャー協会（NAAIM）に名前が変更

●クラークソン大学（ニューヨーク州ポツダム）で化学エンジニアリングの学士号を修得

●南イリノイ大学エドワーズビル校で経営管理の修士号を修得

●現在は引退して「人生」をエンジョイしている！

自動化トレードは
あなたを自由にする

Part1 — How Automated Trading Can Set You Free

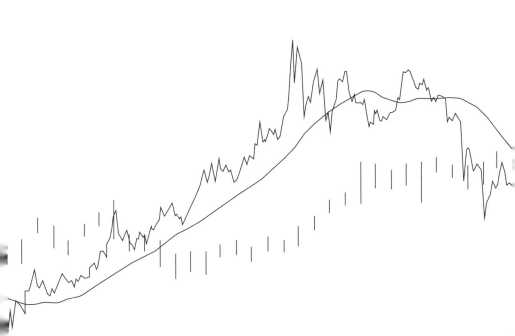

第1章

経済的自由の香り

Smells Like Financial Freedom

　オフィスの窓からひょいと顔を出すと、海の音が聞こえてくる。あなたの職業は30分トレーダー。毎日ブローカープラットフォームで30分かけて注文を入れるだけ。今朝も注文を入れようと思ったが中止して、海に泳ぎに行くことにした。そのあと山にサイクリングに行って、夜は妻と子供たちと水入らずの時間を過ごす。明日はまた泳ぎたいだけ泳ぐ。あなたにはボスはいない。仕事に戻れとうるさく言う人もいない。

　明日はいつもどおり30分だけルーティンワークをやったら、ほかのことは何もやる気がしないかもしれない。妻に電話して、「セビリアまで200マイルのドライブはどう？」とドライブに誘おうか。火曜の午後はエキゾチックな街の探索だ。

　あなたは今、年間300日間太陽が降り注ぐスペイン南部で経済的自由を謳歌している。翌週は家族と南アメリカのカリブ海沿岸に行くつもりだ。妻の故郷を訪れるためだ。仕事も持っていくつもりだ。仕事といっても、経済的自由を維持するために1日に30分だけ何回かボタンをクリックするだけ。これも自動化トレード戦略のおかげだ。

　今度の旅ではコスタリカにも寄るつもりだ。コスタリカでは、トレードとは無関係のいろんな事業をやっている。これは不労所得だ。

　あなたは自分のやりたいことをやりたいときにやる。仕事をするの

は気分が乗っているときだけだ。

　この戦略はあなたのライフスタイルにぴったり合っている。ヨーロッパの海沿いに住んで、毎日泳ぐこともできるし、アメリカの郊外に住んで子供をサッカーの練習に連れていくこともできる。寝ている間に不労所得を稼ぐことができるので、自分の思うがままの生活を送ることができる。

　ボスに報告する必要もないし、どこにいなければならないとか、何をしなければならないとかを命令されるスケジュールもない。どう生きるべきかは他人が決めるべきことではない。あなたの人生は自分で決めるものだ。

　働きたくないと思ったら働く必要はない。出費を賄う十分な不労所得があるからだ。妻や子供たちと長く話したいと思ったら、それができる。毎日、想像し得るかぎりの最も完璧な日を創造することができるため、あなたには最大限の喜びと自由がある。

　もちろん、自動化トレード戦略を構築するまでにはハードワークが必要だ。しかし、いったん自動化トレード戦略を構築すれば、それは生涯にわたって経済的自立を与えてくれ、どこでも好きなところに住むことができるし、あなたのやりたいことをやることができる。情熱を傾けられることに取り組むことができるし、常にアクティブでいられる。いつでも旅行できるし、だれにも邪魔されずに家族や友人と質の高い時間を過ごすことができる。

　これが今の私（著者）の生活だ。

　自慢しようというわけではない。実のところ、長い間自由を謳歌したあとは編集者に小言を言われる。これは当然のことだろう。

　これはこういった人生を望む人にとって、あるべき人生の姿なのである。あなたがこういった人生を送れない理由はまったくない。

　しかし、こういったことを求めるには、最初にハードワークが必要だ。しかし、あなたにとって幸いなことに、どういったことをやれば

よいのかは本書のなかにすべて書いてある。これをやり終えたら、あとは日々のメンテナンスに30分を費やすだけだ。

私には、成功して高い給料をもらっている上級管理職の受講者がいるが、彼らは口やかましいボス、煩雑な雑務、あれをやれこれをやれと言ってくる経営陣に悩まされている。彼らはプレッシャーをかかえ、納期に追われ、達成しなければならない目標がある。これは大きなストレスを生み、心の休まる暇はない。

やがては、こんなことやってられない、と思うときがくる。

あなたも同じような境遇にいる人だろうか。

今こそストレスだらけの仕事をやめて経済的自由を手に入れるときだ。基本は以下のとおりである。

トレードするのは1日に1回だけ。日中に市場を監視する必要はない。トレードを仕掛けたら、データプロバイダーからアップデートされたヒストリカルデータをダウンロードする。このデータは明日何をやればよいかを教えてくれるものだ。そうしたら、トレードソフト（データをスキャンしてバックテストするためのソフトウェア）を開き、ダウンロードした前日のデータをスキャンする。ソフトウェアはあなたがずっと前にプログラミングした効果が立証されたルールに基づいて、新たに仕掛けるべきポジションを教えてくれる。

コンピューターはやるべきことを5分以内で計算してくれる。既存の注文を調整する必要があるのかどうか、現在のポジションを手仕舞う必要があるのかどうか、などだ。これを5分で計算してくれる。これを自分でやろうと思ったら何日もかかるだろう。およそ7000の上場株からなる母集団をスキャンして、いつ売買すればよいかについて意思決定を下さなければならないのだから。コンピューターならこれをものの数分でやってくれる。しかも、感情抜きで、ストレスなしで、そしてエラーもない。

日中にポジションを監視する必要もない。ポジションを監視すれば

29

すでに効果が立証された戦略を無視するようにそそのかされるだけだ。これはテレビもニュースも同じだ。FRB（米連邦準備制度理事会）が何か発表している？　そんなものは無視しよう。全部無視して、自分の生活を送ればよい。その間に戦略がお金を稼いでくれる。

　トレーダーというものは得てしてニュースに振り回されるものだ。業績の下方修正やコーポレートアクションやFRBの発表。こんなものは無益なストレスを生み出すだけだ。こんなものは推測でしかないのだから。

　例えば、私がある投資家のためにトレードしているとしよう。そして、ブレグジット（イギリスのEU［欧州連合］からの離脱）のようなことが起こったとする。もちろん、これは大変なニュースになった。だれもが、これは惨事だ、と言った。私がこのニュースを知ったのは、ディナーを終えて家に帰ってきた午前1時のことだった。あっそと私は肩をすくめただけだ。面白いニュースだったが、それで私のポートフォリオがどうにかなるわけではない。この日がどうなるのだろうと思うとわくわくした。私の戦略は準備万端だったので対岸の火事を見る気分だった。

　その日は早めにオフィスに行って自分のポジションをチェックした。私はマーケットニュートラルでトレード（買いも売りもトレードする）していたし、ヘッジも完璧だった。

　その日は不必要に不安がる投資家をなだめるのに半日を費やした。彼らがなぜ不安がるのかは分かったが、不安がる必要などまったくないのだ。私たちの自動化戦略はブレグジットのような極端なイベントを含めて、すべての市場状態に対する準備ができているのだから。しかし、彼らは絶えず恐怖や暗い見通しを叫ぶニュースのメッセージを無視することはできないようだった。アナリストたちは何の根拠もなくこれから何が起こるかを叫んでいるだけなのに。

　人々は、私のポジションのことは何も知らないにもかかわらず、不

安を訴えて電話をしてきた。人々はメディアが流す恐怖や雑音を無視することができないのだ。

そのあと市場は何日か下落したあと、急上昇した。もはやニュースについて話す人はだれもいなかった。それは単なる雑音でしかなかったのだ。

何かニュースがあると、必ず電話がかかってくる。ニュースが発生するときは、大抵は恐怖で買う私の平均回帰戦略は非常にうまくいく。統計学的戦略と自動化は、ニュースとは無関係なのだ。私は何の不安も感じやしない。あなたがトレードしてあげている人々も不安を感じる必要などない。

あなたにはいつ売買するかについての明確なルールがあり、あなたのソフトウェアは何をすべきかを教えてくれる。あなたはその指示に従うだけでよい。なぜなら、事前にハードワークを行っているので、長期にわたってお金を稼げる効果が立証された公式に従っていることを確信しているからだ。ニュースも気まぐれな感情も入る隙などない。

これからトレードの方法を順を追って説明していく。しかし、シンプルなので心配は無用だ。トレードを難しく考える必要はない。ルールに従い、あなたの個性、ライフスタイル、リスク許容量に合った戦略を構築するだけだ。まずやらなければならないことは、厳密な自己分析である。あなたは市場に対してどんな信念を持っているか。トレンドフォローが好きなのか、それとも平均回帰が好きなのか。またその理由は何か。買いと売りの両方をトレードしたいのか、それとも買いだけをトレードしたいのか。トレード頻度は、毎日か、週に1回か、1カ月に1回か。自分は辛抱強いほうだと思うのか、それとも短気なほうなのか。それはあなたの潜在的戦略にとって何を意味するのか。

自分の目標がはっきりしているほど、どういった戦略を使えばよいのかははっきりする。これは第3部で説明する。

うまくいく戦略はたくさんあるが、あなたが選んだ戦略はあなたの

状況に合ったものでなければならない。どの戦略も基本原理は同じだが、執行方法が異なる。選んだ戦略があなたの性格に合わなければ、確実に失敗する。理想的な戦略が決まれば、市場を毎年打ち負かすのはそれほど難しいことではない。時間をかけて自分自身をしっかり分析しなければ、結局は戦略を無視して自分勝手なことをしてしまうことになる。

　私たちは無意識のうちに感情に負けてしまうことが多い。私があらゆることを自動化するのはそのためだ。自動化は方程式から感情を完全に取り払ってくれる。計算をしてくれるのはコンピューターである。あなたは何も考えずにただそれに従うだけだ。

　私が推奨するのは、自由裁量的トレードではなく、戦略的トレードだ。

　自由裁量的トレーダーは、情報を完璧に分析することで、市場がやることを予測しようとする。しかし、情報というものは不完全なもので、それを完璧に分析するにはバフェットのようなスキルが必要だ。つまり、その分析は主観的なものであるということである。自由裁量的トレーダーの決めるルールは甘い。だから、彼らは感情の浮き沈みにさらされやすい。彼らは銘柄を正しく選ぶ必要がある。だから、損失を自分のせいだと受け止める。間違ったときには自尊心が傷つけられる。彼らはそのときどきではやっているさまざまな指標を使って、はやりのものを選ぶ傾向がある。マクロ経済指標やチャートパターンやニュースを使うことさえある。これらは定量的なものではない。また、彼らがウオッチする銘柄や市場は非常に少ない。なぜなら、彼らはコンピューターとは違って、トレードの母集団をすべてトラッキングすることはできないからだ。

　戦略的トレーダーは自由裁量的トレーダーとは逆だ。彼らは市場がやることを予測しようとはしない。市場が今やっていることに参加するだけだ。これは謙虚で現実的なアプローチで、自尊心が持ち込まれ

ることもない。彼らが従うのは情報ではなく価格だ。彼らはいくつか
の厳密に定義されたルールを持ち、そのルールを使って仕掛け、手仕
舞い、リスク管理、ポジションサイジングを行う。まったく自尊心な
どないので、市場をアンダーパフォームしても感情的にはならない。
そのときに市場が彼らの戦略に合った環境ではなかったというだけの
ことである。しかし長期的に見れば、彼らは市場を打ち負かすことが
できる。彼らは仕掛けや手仕舞いを決めるのに、いつも同じテクニカ
ル指標を使い、多くの市場や銘柄をトレードすることができる。ウォ
ーレン・バフェットのようにファンダメンタルズのプロである必要も
ない。

　自由裁量的トレーダーがニュースを重視しているのに対して、戦略
的トレーダーは現在の実際の市場状態を重視する。戦略的トレーダー
にとって、意見や予測は何の意味も持たない。効果が立証された戦略
からの自動化された応答を待つのみである。

　自由裁量的アプローチと戦略的アプローチでは、戦略的アプローチ
のほうが優れているのは明らかだが、従うのは容易ではない。あなた
の戦略を心の底から信じていなければ、従うことなどできないからだ。

　デイトレーダーのことはご存じだろうか。彼らは過大なストレスを
感じ、ほとんどのトレーダーは負ける。トレードで失敗する最大の原
因は、感情が意思決定を支配してしまうからである。彼らは十分な時
間を取って信念や戦略を定義し、それらを自動化プロセスにプログラ
ミングしていないのである。彼らは何らかのアイデアを持っている。
おそらくは偉大なアイデアを。しかし、市場が上下動し、市場評論家
が叫び出すと、感情をコントロールして一貫した行動をとることがで
きなくなるのである。

　だから、私はニュースは一切無視して、コンピューターに仕事をや
らせるのである。コンピューターはストレスなど感じない。つまらな
い骨の折れる仕事はコンピューターに任せるのが一番だ。

　事前に十分に準備をして戦略を自動化することで、どんなメリットがあるのだろうか。

　もう9時から5時まで働く必要はない。出世競争に巻き込まれることもない。経済的には一生安泰だ。好きなところに住んで、好きなところで仕事をすることができる。好きなところにいつでも旅行することができる。それで、毎日お金を稼げる。毎日30分だけメンテナンスするだけである。

　新聞を開く必要もない。お金のかかるニュースレターを読む必要もなく、テレビを見る必要もない。

　家族や友人たちと十分な時間を過ごすことができ、好きなことをやることができる。

　これは本当だ。現に私はこれをやっているのだから。どうすればよいかはこれから本書で示していく。

　私がトレードを始めたのは2000年のことだ。家族の年金口座の運用を手伝うためだった。この年金口座はすべてファンダメンタルズによるアプローチで投資されていた。これを運用していたのはオランダの大きな一流の高価なビルのなかにある富裕者向けの資産運用を行う有名な銀行だった。

　超一流のビルと人々を見て、「わぁ、すごいな！　彼らはきっと賢い人々に違いない」と思わずにいられなかった。巨額の資本に裏打ちされた姿がそこにはあった。私はマネジャーに会った。彼らは多くの知識を持ち、壮大なリサーチ能力も持っていた。最初は圧倒されるばかりだった。ドットコムブームが去ったあと私は口座を監視し始めた。すると、2〜3カ月もすると口座はおよそ30％の損失を出していることが判明した。

　私にはこうした巨大で超一流の富裕者向け資産運用会社に疑いの心が芽生え始めた。次にウエルスマネジャーに会ったとき、私は彼らに抗議した。

「30％も損失を出しているじゃないですか……、最悪だ」

「ベンスドープさん、市場が下落しているから仕方ないんです。上昇を待つしかないんです。長期的に見れば市場はいつも上昇してきますから」

そこで私は質問した。

「何を根拠にそんなことが言えるんですか？」。彼らは答えることができなかった。すると、彼らは株をもっと買えと言ってきた。つまり、ナンピンだ。例えば、株を100ドルで買ったとすると、今30％下落しているから現在の株価は70ドルだ。同じ量だけ買えば、平均価格は85ドルになる。だからブレイクイーブンに持っていくには、株価はわずか15ドル上昇すればよい、というのが彼らの言い分だった。

しかし、私たちが株を買うたびに、彼らには手数料が入るのだ！

これらの会社は顧客に株を買わせて市場が上昇するように操作しようとしていたのだ。そして、手数料だけはちゃっかりもらおうとしている。しかし、当時の市場センチメントは最悪だった。彼らが株を買えと言ってもどうして信じられるだろうか。彼らは私たちに株を買わせて手数料を取ることが目的なのは明らかだった。

私は口座の所有者である父に話した。私たちはリスクにさらされすぎている。こんな最悪の時期に株を買うなんてバカげている。私は父に口座を清算することを提案した。私たちは自分たちが何をやっているのか分からなかった。しかし、私たちがいくら稼ごうが損をしようが気にもとめず、自分たちの手数料のことしか頭にない連中に頼っていてはダメなことだけは確かだった。

私は父を説得して、すべてのポートフォリオを売った。そのなかには、倒産したエンロンやワールドコムも含まれていた。もしそのまま口座を持ち続けていれば家族の年金口座の損失は70％を超えていただろう。もし「専門家」とやらの勧めに乗ってナンピンしていれば、それ以上の損失を出していただろう。

　ウエルスマネジャーは、説教ができるほど賢くはないことがはっきりした。私は自分が何をしているのかは分からなかったが、彼らを信用してはならないことだけは分かった。

　投資銀行にポジションを清算するように説得する手続きは大変だったが、それで損失を出し続ける状態からこれ以上損をしない状態に持っていくことはできた。しかし、利益がまったくないこともまた辛いことだった。

　それから、私は3万ドルを口座に入れ、トレードをスタートした。ニュースに従えば、市場がどうなるかは確実に予測できると思っていた。高価なソフトウェアを購入し、それで最新ニュース、決算報告書、FRBのリポートなどを入手した。情報を速く入手するほど、素早く行動することができ、ほかのだれをも打ち負かすことができると私は思っていた。1日中スクリーンの前に座って、あらゆる情報をリリースされるたびに分析した。これで私のポジションはどう変わるのだろうか。良いニュースが出るように祈り、テレビ、ラジオ、インターネットにくぎ付けになった。どんな情報も見逃すものか、見逃したらチャンスを失う。

　私は常に不安だった。タバコは1日に50本も吸った。

　私の口座残高は激しく上下動していた。それを見るたびに私の心は折れた。健康問題に悩まされるし、眠れなかった。いつもイライラし、自分の殻に閉じこもり、自尊心も失った。私は負けているという事実を受け入れることができなかった。最悪の状態であることは分かっていたが、何をすればよいのか分からなかった。

　そしてついに、このままいけばもうすぐ破産することを認めるに至った。そして、勉強という長い旅が始まった。1日に6時間から8時間勉強することを何年も続けた。これまでに読んだ本は500冊以上に及ぶ。市場について勉強しない日は1日たりともなかった。セミナーにも通い、トレードに詳しそうな人を見つければ話しかけた。

　ある日、フリーブックオンラインというものを偶然知った。そこで
は、シンプルで効果が立証された戦略をプロから学んだ「タートルズ」
というグループについての話が語られていた。ルールに100％従うこ
とで大金を儲けた人がいたのだ。意思決定や分析なんて関係なかった。
システムに厳密に従うことで大金が儲けられるのだ。なんてシンプル
なんだろう。奥の深さを感じた。これは私の現状を打破する最初の出
来事だった。

　次の突破口は、私の性格に本当に合うスタイルを見つけたことだっ
た。それが平均回帰である。平均回帰とは基本的には売られ過ぎの株
を買う。売られ過ぎということは、それが平均に回帰する統計学的確
率が偶然よりも大きいことを意味する（つまり、株価が上昇するとい
うこと）。一貫して平均回帰で長期にわたってトレードをすれば、エ
ッジ（優位性）を得ることができる。私はプログラマーを雇い、聞い
た。「これが私のアイデアだが、これを自動化戦略にプログラミング
することはできますか？」。自動化戦略が出来上がると私はそれを検
証した。私のアイデアは正しいことが分かった。ついに見つけた、エ
ッジを見つけたぞ！　この自動化戦略でトレードを始めると儲かった。
のちに私の信念は進化し、今では平均回帰とトレンドフォローを組み
合わせてトレードしている。

　利益が出始めると、もっと特殊な教材を買うことができるようにな
った。私はできるかぎりの指標を学び、統計学を勉強し、定量的証拠
について学んだ。何千という銘柄をじっくり観察し、良い仕掛け・手
仕舞いポイントを予測し、それを書き出し、効果が立証されたルール
を作り出そうと試みた。これは大変難しかった。というのも、プログ
ラミング経験もなく、バックテストをした経験もないのだから。長期
的に一貫してお金を儲けられる何かが必要だった。そうすれば本当の
エッジを手に入れられるからだ。

　最初のプログラマーを雇ったことは大きな突破口にはなったが、ア

イデアをプログラマーに説明する必要があり、アイデアが実行可能であることを確認する必要もあった。何かを見つけだすまでの道のりは長くお金のかかるものだった。私は時給で人を雇った。2005年から2007年というとコンピューターはまだ遅く、雇ったプログラマーはそのコンピューターで作業するのだから、時給はかさんだ。高価なコンピューターを買うお金はないので、普通のコンピューターを買ったが、当時のコンピューターの質は悪くて計算が遅かった。今では標準的なノートパソコンが1台あれば十分だ。

　通常、バックテストには丸1日かかった。ただし、これはコンピューターがクラッシュしなければの話だ。今では10分しかかからない。しかし、バックテストにこそ私のエッジが存在するのだと確信していたので、決してあきらめることはなかった。そしてついに、戦略をコード化し、正確なパラメーターを決定することができた。戦略的トレードにこそ、真のエッジがあるという私の考えの正しさが証明されたのだ。

　当時は忙しく、すべてを自分自身でトレードしなければならなかった。しかし、最終的にはソフトウェアを改善し、一連のプロセスに時間がかからないようにした。

　だれもが私に疑いの目を向けた。友人も同僚もメディアも、投資銀行や専門家の言うことを聞くべきだと言った。まったくバカげている、あなたは夢想家なのかと彼らは言った。批判に耐えるのは辛かったが、私は自分の哲学を信じた。たとえ周囲の99％が私のことをあざ笑っても、私はやり続けた。

　私は、この10年間タバコは1本も吸っていない。2007年以降、負けた年もない。リターンは常に大きな2ケタ台の数字だ。

　私のトレードは進化してきた。市場が賢くなるにつれてエッジは若干減少した。そこで私は戦略を組み合わせ始めた。どの戦略にもその戦略がうまくいかない市場タイプというものがある。横ばい相場では

トレンドフォローはうまくいかない。買って売れば損失になる。ちゃぶつくこともある。しかし、横ばい相場では平均回帰がうまくいく。市場は70％以上の時間帯で横ばいだ。

トレンドフォローと平均回帰、それにほかの概念も組み合わせれば、現在の市場状態でうまくいく戦略は２〜３は必ずある。１つのアプローチに依存するのはリスクが高い。なぜなら、あなたがどんなに賢明でも、市場がどういった状態になるかは100％確実に言い当てることはできないからだ。

市場が下落しているときは、今私が書いた逆を行えばよい。つまり、トレンドフォローの売りと平均回帰の売りをトレードするということである。市場が下落しているときでも儲けることはできる。なぜなら、そんなときは買い戦略ではなく、売り戦略でトレードをするからだ。

要するに、重要なのは統計学と心理なのである。あなた独自の心理とリスク管理を理解する必要があるということである。トレードの旅は私をいろいろな講座やセミナーへと導いてくれた。そうした講座やセミナーに参加することで、私は心理的トランスフォーメーションやバン・タープの『**トレードコーチとメンタルクリニック――無理をしない自分だけの成功ルール**』（パンローリング）に書かれてあることを経験することになる。本書には私のトレード経験をつづった章がある。私がいかにして大衆に従う負けトレーダーから、よくプログラミングされたコンピューターに従う長期的な勝ちトレーダーになったかは同章を読んでもらいたい。

私は今小さな投資ファンドを運営し、アメリカとスイスの機関投資家たちのお金を運用している。ファンドで資金運用しながらも、私には自分の愛すること――人々が自分自身の自動化トレード戦略を構築できるように指導すること――をする時間もある。経済的自由を手に入れるには自動化トレード戦略を構築する以外に道はないのである。本書はそのための指南書である。

第2章

30分トレーダー

The Thirty-Minites Trader

　詳しくは第2部で説明するが、投資アドバイザーは通常ファンダメンタルズ分析という水晶玉テクニックを使う。しかし、それはリスキーで長期的な利益を手に入れるうえでは最適とは言えない。それに対して、私のアプローチは彼らのアプローチとはまったく正反対で、定量化され、自動化されたものだ。私の戦略ではファンダメンタルズな情報は一切使わない。

　ファンダメンタルズトレーダーは将来を予測しようとする。彼らは会社の決算報告書やそのほかの数字を分析し、価格がどうなるかを分析に基づいて予測する。彼らには市場がどうなるかについての考えがあり、それに従って未来を予測する。例えば、彼らが「景気は後退している、だから株価はおそらくは下落するだろう」と言ったとする。

　それは基本的にはウォーレン・バフェットの投資モデルだ。バフェットの投資モデルは素晴らしいものだが、高度なスキルを必要とする。バフェットは正しい銘柄を選ぶ達人で、彼のスキルをマスターできる人はほとんどいない。自分にもできると思っている人もいるかもしれないが、いざやってみると失敗する。平均的な投資家とサルに10の銘柄を選ばせたら、サルのほうがうまいという話もあるくらいだ。

　それは、平均的な投資家がいろいろな分析をして銘柄を選ぶよりも、サルが銘柄をでたらめに選んだほうがうまくいくということである。

それだけ銘柄選択は難しく、原則などなく、直観に反するものなのである。バフェットの戦略を使って銘柄を選ぶのは、レブロン・ジェームズの戦略を使ってバスケットボールをプレーするのと同じである。プレーのたびごとにスラムダンクするのは理論的には素晴らしい戦略だが、普通の人がそれをやろうとするとぶざまに失敗する。バフェットの戦略をやろうと思ったら、バフェットのような超人的なスキルと何十年にもわたる経験、そして日々の何時間にもわたるハードワークが必要なのである。

　またファンダメンタルズトレーダーにとって、いつ買って売るかについて厳密なルールを作るのは難しい。なぜなら、彼らの規律は本能的でスキルに依存するものだからである。したがって、彼らにとっていつ買って売るかを数値化するのはほとんど不可能と言ってよい。彼らがトレードするのは一定の結果——つまり、会社が収益を上げ続ける——を期待してのことである。しかし、彼らの予測が間違っていたらどうなるのだろうか。どんなに優れたトレーダーでも間違えることはよくある。彼らは手仕舞い戦略を持たない。なぜなら、彼らは会社がうまくいくことに賭けているからだ。そして、会社がうまくいかなくても、最終的にはきっと会社はうまくいくと思っている。

　さらに、ファンダメンタルズトレーダーは市場が大きく下落したときの戦略を持たない傾向がある。市場センチメントが冷え込んだときには、彼らの口座も冷え込む。彼らはいろいろな会社やセクターに投資することでリスクを分散しようとする。しかし、彼らのイクスポージャーはすべて買いに偏重している。したがって、分散しているといっても、彼らの投資した資産は相関性を持つ。つまり、彼らの資産は上昇するときも下落するときも一緒ということである。全体的な市場センチメントがネガティブになると、すべてのセクターは下落する。分散と言えば理論的には聞こえはよいが、イクスポージャーがすべて買いであれば、市場と一緒に沈むだけである。

　あなたが最も助けを必要とするとき、セクター分散は何の役にも立たない。景気が悪くなると、分散した株は一緒に下落するだけだ。

　投資家は、分散ポートフォリオは壊滅的状況が発生したときに彼らを守ってくれると思っている。しかし、実際はそうではない。なぜなら、分散はセクターにだけ当てはまるのであって、市場タイプには当てはまらないからだ。強烈な弱気相場が発生し、市場が下落しているとき、すべてのセクターが下落する。弱気相場では、すべてのセクターが互いに高い相関性を持つのである。分散は強気相場ではいくらかはうまくいく。強気相場ではほかのセクターよりも良いセクターがいくつかあるからだ。しかし、市場センチメントが冷え込めば、分散は無力だ。あなたのポートフォリオは下落する。私はこれを「足並みをそろえる」と呼んでいる。それは、感情的な反応が、あらゆるものが逆方向に動いているという雰囲気を市場に生み出し、相関が1.00（完全相関で、分散はゼロ）か、－1.0（完全逆相関で、まったく利益を得ることはできない）になるときだ。

　これは2008年に発生した。ポートフォリオをどのように分散したかは問題ではない。分散したはずの株がすべて一緒に下落したのである。

　ファンダメンタルズトレーダーはたまには正しいこともある。そんなときは大きな報酬にありつける。しかし、大概は大きく間違えることのほうが多い。例えば、金の事例のように（これについてはこのあとすぐに説明する）。著者たちは過去７年にわたってアメリカ経済はひどい状態だったと言ってきた。財政赤字は何兆ドルにも上った。これは信じられないくらいひどい状態だ。しかし、これを見ても株価が翌年にどうなるかは分からない。なぜなら、株価をコントロールするのはトレーダーの感情だからだ。市場の下落は避けられないものだが、それがいつ、どういった規模で起こるのかを予測することなどできない。明日起こるかもしれないし、１カ月先、１年先、あるいは10年先かもしれない。その規模すらも分からない。

図表2.1　金先物

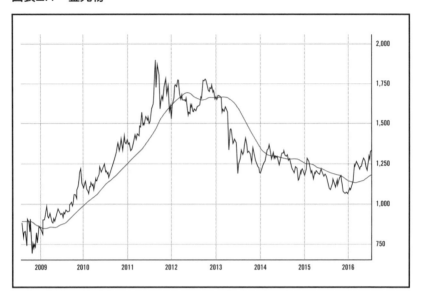

　2011年、金の価格は1900ドルだった。「世界はもう終わる。金融シ
ステムは崩壊寸前だ。金を買え！」——このときほどニュースレター
がこう叫んだのを聞いたことはない。「金の価値は下がらない」「金の
購買力は変わらない」「もしかすると金本位制に戻るかもしれない」「金
価格は急騰する」……とまぁ、彼らはいろいろな理由を挙げた。

　概念的にはこの分析は間違ってはいない。こう言った人々は愚かと
いうわけではない。しかし、2011年から2015年にかけて金価格は1900
ドルから1050ドルに下落した。なんと50％も下落したのである。ファ
ンダメンタルズ分析は概念的には正しかったし、金価格が劇的に上昇
することをほのめかしていたが、価格の動きは別のことを語っていた。
重要なのはプライスアクション（価格の動き）なのである（**図表2.1**）。

　ニュースレターやメディアで宣伝されているような標準的なファン
ダメンタルズ分析に従い、大々的に推奨された金を買っていれば、お
よそ50％の損失を出していただろう。しかし、シンプルなトレンドフ

ォローモデルに従っていれば、別の結果になっていただろう。トレンドフォローモデルは価格が200日単純移動平均を下回ったときにポジションを手仕舞いするように設計されているので、およそ1600ドルで手仕舞いできていたはずだ。

　いつものようにニュースレターやメディアの雑音は間違っていた。プライスアクションに基づくシンプルでテクニカルな手仕舞いを使えば、大惨事から救われたということである。

　もし私が長期トレンドフォロー戦略でトレードしていたとすると、ファンダメンタルズトレーダーと同じように1900ドルで買っていただろう。しかし、テクニカル分析は明確な手仕舞いルールを持っている。ここが重要なところである。破産するポジションを建てる可能性はあるが、破産する前に手仕舞いすることができる。なぜなら手仕舞いルールを持っているからだ。

　コンピューターがトレンドを測定して、いきなり次のように言ってくる――「この状態では、歴史的に見て価格は下落し始めるぞ。過去の統計的証拠によれば、価格は下落する。ここでポジションを解消せよ」。コンピューターに従ってここで手仕舞えば、破産せずに済む。

　トレンドフォローアプローチでは、トレンドが反転するまでトレンドに乗り続ける。テクニカル戦略はファンダメンタルズ戦略よりもはるかに優れている。なぜなら、テクニカル戦略では、あなたは自分の分析を過信することはないからだ。テクニカル戦略で最も重要なのは、市場がどういった価格を示しているかである。しかし、ファンダメンタルズトレーダーには自信過剰を防ぐ手立てはない。

　どういったトレンドフォローアプローチを使ったかは問題ではない。トレンドフォローであればどんなアプローチでも壊滅的な状態からあなたを救ってくれたはずだ。トレンドが終わったことが測定されたらすぐに手仕舞いさせるからだ。重要なのは、プライスアクションを測定して、それに基づいて売買の判断を行うことだ。これが最も重要な

のである。

　単純移動平均（SMA）については第4部で説明するが、トレンドフォローでは原則としてSMAを使う。これは非常に簡単で、コンピューターがSMAに基づいてトレンドが終わったことを知らせてきたら、あなたは手仕舞うだけである（第4章の「エンロン」の例を参照）。

　ファンダメンタルズを心ゆくまで分析するのは構わないが、株式市場をコントロールしているのは市場センチメントだ。市場があなたの分析と一致しなければ、たとえあなたの分析が論理的に正しくても、あなたは負ける。私がプライスアクションのみを重視するのはそのためだ。プライスアクションほど市場センチメントを正しく測定するものはない。

　ファンダメンタルズトレーダーが失敗したもう1つの例は、2009年初期のS&P500である。2008年に史上最大級の弱気相場を経験し、2009年3月に弱気相場は底を打った。そこからS&P500は上昇した。2009年の中ごろ、私のトレンドフォロー戦略はプライスアクションに基づいて買いシグナルを出してきた。しかし、ファンダメンタルズトレーダーは、「経済は良くない、だから楽観的にはなれない」と考え、彼らの心は依然として弱気だった。しかし、彼らが単純にプライスアクションに従っていれば、2009年の夏か秋には再びポジションを取れることを示していただろう。そこからS&P500は2倍以上上昇した（**図表2.2**）。

　ファンダメンタルズトレーダーが国の大きな負債などを心配している間、S&P500は2009年の安値から3倍以上に上昇した。ファンダメンタルズや市場問題をすべて無視し、ただプライスアクションに従っていれば、彼らは大きな利益を手にできたのだ。

　テクニカル分析は過去を分析する。テクニカル分析はファンダメンタルズは一切無視し、プライスアクションだけを見る。私の戦略は市場のヒストリカルな値動きを分析し、統計学的エッジ（優位性）を見

図表2.2　S&P500指数

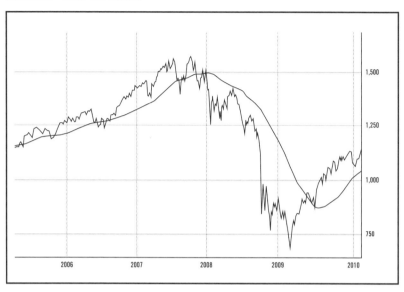

つける。市場を長期的に見れば繰り返されるパターンというものがある。そのパターンに従ってトレードすることで、エッジを得ることができ、市場を打ち負かすことができるのである。典型的なアドバイザーのように、市場を予測する必要などない。そもそも市場を予測することなど不可能なのだから。市場というものは予測不可能なものなのである。市場が動いたら、その動きに対して反応するだけだ。ファンダメンタルズトレーダーとあなたとの決定的な違いは、過去の統計に基づくあなたの戦略は市場センチメントを数値で正確に記述することができ、そのセンチメントが将来のプライスアクションにどんな意味を持っているのかをあなたに教えてくれるという点である。あなたは市場があなたに語ってくるのを待ち、市場があなたに語りかけてきたら、効果が立証された戦略に基づいて反応するだけである。

　あなたの戦略は基本的には人々が市場について感じていることをプライスアクションに基づいて数値化することだ。しかし、あなたに示

されるパターンは長期的な統計的有意性のあるものだけだ。大きなサンプルで有効性が証明されなかった（これはよくある）パターンは無視される。あなたの戦略は、戦略にプログラミングされた健全な論理と統計分析とによって確実視されたものだけを推奨してくるのである。

　私のアプローチがうまくいくのは、実際の過去のヒストリカルプライスアクションデータに基づく統計学的証拠を使うからである。プライスアクションデータを使うことで、市場に従って反応することが可能になる。例えば、ファンダメンタルズ的に良いと思える会社の株を持っていたとしても、市場センチメントが良くなければ、株価は下落するだろう。

　あなたは2008年にPER（株価収益率）などが健全な世界一の会社の株を所有することはできただろうが、市場センチメントに殺されていただろう。すべての株は平均で50％も下落したのだから。ファンダメンタルズ分析は完璧だったかもしれないが、手仕舞いがプライスアクションによるものではなかったために、資産のおよそ半分を失っていただろう。手数料ベースのアドバイザーを雇うことほど危険なことはない。

　プライスアクションを見なければ、株価がどうなるかは分からない。私はすべての顧客にはプライスアクションに基づいて戦略を構築するようにアドバイスする。この15年間、私はファンダメンタルズを無視するように自分を訓練してきた。しかし、あなたのお金が欲しい専門家とやらは逆のことをやるのだ。

　私のアプローチは定量化されたテクニカルアプローチだ。効果が立証された戦略を構築し、その戦略に従うだけだから、これほど簡単なことはない。いったんこの戦略を構築したら（本書では効果が立証された戦略を教える）、スキルなど不要だ。戦略に従ってトレードするだけだ。ファンダメンタルズトレードは素晴らしいスキルを持っていればうまくいくだろうが、私を含め、そんなスキルを持っている人は

ほとんどいない。ウォーレン・バフェットでもないかぎり、ファンダメンタルズトレードは信じられないくらい危険で、特に賢明なやり方でもない。

　コンピュータープログラムは、科学的に立証されたエッジを持ち、ヒストリカルパフォーマンスに基づいてあらかじめ決めた仕掛けと手仕舞いのルールを持つ戦略に基づいたものだ。何をすればよいのか、いつ買えばよいのか、いつ売ればよいのか、何もしないでおいたほうがよいのかを教えてくれるのがルールである。あなたのやるべきことは、前に出てきた金の例のように、プログラムの指示に従うだけである。

　あなたのコンピューターは、過去の投資がどうだったかに基づいて効果が立証されたルールからなる戦略に従ってトレードする。コンピューターは、いつ損切りすればよいのかを知っているし、リスキーで非科学的な予測に基づくファンダメンタルズトレーダーの推奨のなかに内在する破産リスクを防ぐ方法も知っている。テクニカル戦略は当て推量のファンダメンタルズとはまったく逆で、過去の価格データの定量的なテクニカル分析に基づくものだ。テクニカル分析はプライスアクションだけを見る。なぜなら、プライスアクションこそが、株価の最良の予測因子である市場センチメントを最も正確に測定するものだからだ。テクニカル分析ではあらゆるものをバックテストするので、どのルールも、ウエルスマネジャーが水晶玉を使って打ち負かしたいと願うベンチマークに対して科学的に立証されたエッジを持っている。

　私の戦略ではヒストリカルな価格データを使うが、戦略タイプにはいろいろなものがある。最も典型的な戦略はトレンドフォローである。本書ではいろいろなスタイルの戦略を紹介するが、手始めとして最も簡単で最もシンプルなトレンドフォローについて見ていこう。トレンドフォローでは上昇している銘柄を探す。これは、上昇している銘柄を買えば、上昇トレンドが終わるまでそのトレンドに乗り続ければ儲

かる、という信念に基づくものだ。データはいつ手仕舞えばよいのか
を教えてくれるので、教えてくれた時点で手仕舞う。あなたがトレー
ドを手仕舞うのは、プライスアクションが、その会社の実際の質はど
うであれ、その会社のセンチメントはもはや良くないことを教えてく
れているからである。

　会社が良いか悪いのかを教えてくれるのは、人を惑わすニュースで
はない。会社が良いか悪いかを教えてくれるのは価格である。価格が
上昇すれば、それは良い会社であり、下落すれば悪い会社ということ
である。手仕舞うのは、手仕舞わなければ損失を出すことになるから
である。

　過去のデータを使うことほど良い選択肢はない。水晶玉をのぞくの
がお好みだろうか、それとも過去にお金を儲けたであろう統計学的証
拠に基づく信念を使うのがお好みだろうか。トレードの仮説と信念を
検証し、それらが正しく、健全な市場概念に基づくものであることを
証明できるかぎり、あなたは長期にわたってお金を稼ぐことができる
のである。

　最も重要なことは自動化戦略を使うことだ。それはともすれば感情
に支配されかねないこのビジネスから感情を取り除くことができる。

　定量化された戦略とは、コンピューターに従うことを意味する。コ
ンピューターは毎日、何を買い、何を売ればよいかを教えてくれる。
コンピューターの出してくる推奨はあなたの信念に根差したものだ。
なぜなら、コンピューターにはあなたの信念がプログラミングされて
いるからだ。計算はすべてコンピューターにアウトソースする。そう
すれば、コンピューターは何をすべきかを的確に指示してくれる。あ
なたの意思決定は、市場は将来的にはこうなるだろうとあなたが思う
もの、つまり直観に基づくものではなく、効果が立証された戦略、市
場が現在の状況について教えてくれるものに対するあなたの反応に基
づくものである。

　株式市場で人々が失敗する最大の原因が感情である。しかし、私の戦略では感情は意思決定に何の影響も及ぼさない。人間は毎日コンピューターのように振る舞うことは不可能だが、コンピューターはコンピューターのように振る舞うことはいとも簡単だ。

　しかし、重要なのは複数の戦略を互いに調和させながら組み合わせて使うことである。例えば、トレンドフォローだけを使うといったことではうまくいかない。私のトレードプランがうまくいくのは、それが複数の無相関の戦略を組み合わせて使い、それらを同時にトレードするからである。したがって、どんな市場状態のときもお金を儲けることができる。平均回帰はトレンドフォローと正反対の戦略だが、2つの戦略を組み合わせると非常にうまくいく。なぜなら、一方の戦略がうまくいかないときは、もう一方の戦略がそれを補ってくれるからである。これについては詳しくは第4部の戦略のセットアップのところで説明する。

　考え方はこうだ。異なる戦略を、異なる目的で、同時にトレードする。市場が取り得る状態には基本的に3つの方向性を示す状態がある——強気相場、弱気相場、横ばい相場。市場状態はボラティリティによっても定義できるが、この例では方向性を示す状態のみに限定する。ファンダメンタルズトレーダーのように買いのみの戦略を使う場合、強気相場ではうまくいくが、横ばい相場ではうまくいかない（相場が動いていないから）。2008年のようにS&P500が56％下落し、ナスダックが74％下落した弱気相場では損をする。悪いときの損失は良いときの利益を一掃してしまうだろう。

　複数の無相関の戦略を完璧に執行する方法は以下のとおりである。まず上昇相場で利益を出す戦略から始める。つまり、長期トレンドフォローから始めるということである。この戦略が利益を出すのは買ったときだけである。トレンドが転換し始めたら、これらのポジションは損切りに引っかかる。強気相場でうまくいくもう1つの戦略が平均

回帰の買い戦略だ。

　しかし、市場はやがては下落し、買いポジションは損失を出し始める。買い戦略と同時に売り戦略をトレードするのはそのためだ。つまり、弱気相場に備えるということである。これはヘッジ戦略で、市場が転換し下落し始めたら利益を出すように設計されている。このヘッジ戦略は市場が上昇しているときは損失を出すので、今までに得た利益の多くを市場に返さないようにすることが重要だ。しかし、こういったことは私の戦略ではすべてカバーされている。これについてはのちほど説明する。

　このヘッジ戦略は基本的には保険料のようなものだ。つまり、市場が下落したときに損失がカバーされるように、保険金を支払うということである。市場が上昇している年は、買い戦略は莫大な利益を生み出し、売り戦略は若干の損失を出す。しかし、2008年のような状態が再び起こったら、あるいは2016年のような2008年ほどの規模ではないにしても株価の暴落が再び起こったら、損失はあなたが払った保険でカバーされるため、その年はプラスで終わるだろう。一方、ファンダメンタルズトレーダーは大損をするだろう。

　図表2.3を見るといくつかのことがはっきり見て取れる。2007年の終わり、ウイークリーローテーション戦略（下側の薄いライン）は損失を出し始め、資産はおよそ25％減少した。しかし、売り戦略（平均回帰の売り。上の黒のライン）は大きな利益を出して、この損失を補うことができた。

　しかし、2009年の中ごろから状況は逆転し、市場は上昇トレンドになる。つまり、ウイークリーローテーション戦略が機能し始めたということである。たくさんの買いトレードを仕掛けて、大金を儲けた。売り戦略は少し損失を出した程度だった。全体的な利益は莫大なものになった。

　売り戦略と買い戦略で弱気相場と強気相場はカバーできるが、市場

図表2.3　システムごとの資産

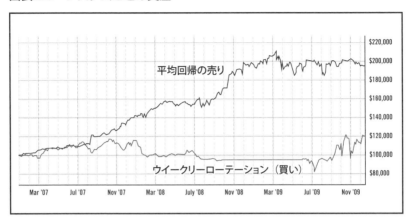

にはもう１つ、横ばい相場というものが存在する。横ばい相場では一般にトレンドフォローは機能しない。だからと言ってトレンドフォローを中断することはしない。私たちは常にあらゆる戦略を同時にトレードする。なぜなら、どういった不測の市場状態になってもいいように常に準備しておきたいからだ。したがって、横ばい相場でうまく機能する戦略も必要になる。それが平均回帰戦略である。

　平均回帰戦略は実質的にはトレンドフォロー戦略とは真逆の戦略だ。この戦略は恐怖で買って、強欲で売る。株が売られ過ぎになるということは、その株に対してパニックが発生したことを意味する。平均回帰戦略にとってパニックの瞬間がその株を買う絶好のタイミングだ。なぜなら、パニックが収まったときに価格が平均に回帰する統計学的確率が偶然よりも高いからだ。価格が平均に回帰したら、手仕舞う。この戦略は逆も機能する。つまり、市場に強欲があふれ、買われ過ぎになったら（市場には強気筋がたくさんいるということ）、強欲で売る絶好のチャンスだ。なぜなら、市場が下落して平均に回帰する統計学的確率が偶然よりも大きいからだ。

　恐怖で買うのは、恐怖が極端に高まるため、たとえ価格は下落して

いても、低リスクの投資機会になるからだ。そして、そのあとは十中八九の確率で価格は上昇する。これは統計学の大きなサンプルに基づくものだ。サンプルサイズ（トレード回数）が鍵になる。例えば、トレード回数が30回しかなければ、あなたの仮説が正しい統計学的確率は低いだろう。しかし、300回のトレードによる科学的証拠に基づくものであれば、あなたの仮説が正しい統計学的確率は高く、長期的にはあなたは勝つ。

　もちろん、この逆も可能だ。つまり、強欲で売るということである。

　見るべきものはプライスアクションだ。トレンドフォローの場合、指標が、「よし、価格は今、上昇トレンドだ」と言うのを待つ。平均回帰の買いの場合は、プライスアクションが「今は売られ過ぎている。だから割安だ」と言うのを待つ（売りの場合はこれの逆）。おそらく、株価は過去４日間で計15％以上下落したはずだ。検証され効果が立証されたシンプルなプライスアクションルールは次のようになるだろう──「過去４日で合計で15％以上下落したすべての株を買えば、その株価が平均に回帰する（上昇する）統計学的確率は偶然よりも高い。したがって、この戦略を継続的にトレードすれば、長期的には大きな利益が得られるだろう」。つまり、あなたにはエッジがあるということである。私たちは統計学的に立証されたエッジがあるときだけトレードする。一般に、平均回帰は短期トレードで、恐怖で買うか、あるいは、強欲で売る。

　すでにお分かりのように、複数の戦略を組み合わせれば、市場がどんな状態にあろうとお金を稼ぐことができる。複数の戦略を組み合わせるのは、市場がどうなるかはだれも正確には予測できないからである。私たちは方程式からその変数（市場がどうなるかはだれにも予測できない）を取り除き、予測不可能な市場の気まぐれさではなく、効果が立証された戦略のみに基づいてトレードするのである。銘柄選択はウォーレン・バフェットのように人生を投資にささげた天才だけが

できることである。私たちは人間としての不完全性を補ってくれるコンピュータープログラムを構築する。人間はいろいろなことが得意だ。しかし、この場合は骨の折れるつまらない仕事はすべてコンピューターに任せるのが賢明なやり方だ。私たちは占い師ではないし、コンピューターのような計算能力もないのだから。

　人々は買いのみのポジションを持つことが多い。だから、市場が下落するとびくびくする。テレビやネットで流れるニュースは悪いニュースばかりで、人々はそれに反応せずにはいられない。人々は、他人がファンダメンタルズ的に良いと言ったものに基づいて意思決定を行い、ポジションを持ったらそれを心配する。どういった市場タイプ（強気相場、弱気相場、横ばい相場）に対しても準備できている自動化戦略があれば、もちろんニュースなんかに耳を傾ける必要はない。あなたの仕事は戦略に従うことだけである。なぜなら、その戦略はすべての市場タイプで儲かるように設計されているからだ。ニュースなど無用の長物でしかない。

　1929年から1932年のようなシナリオを想像してみよう。おそらくあなたの口座は日に日に減少していっただろう。ダウ平均とS&P500は何と80％以上も下落した。こういったことが再び起こったら、買いと売りの両方をトレードしていることを、そして損失にさらされないことをありがたく思うだろう。上昇相場でも下落相場でもうまく機能する戦略を構築できたら、ゲームに勝ったも同然だ。あなたの心は市場の不可避な下落の影響を受けることはない。お金が長期にわたって増えていくのを見て、あなたは心安らかになるだろう。

　投資は私のライフワークだ。私の個人的な予測は今でも外れることが多い。例えば、2008年の大きな弱気相場のあとの2009年３月ごろ、多くの人々は1929年のように世界はもう終わりだと言っていた。あと30％は下げるだろうと彼らは言っていた。最悪の事態はまだ終わっていないことを考えると、私は彼らは正しいと思った。しかし、まった

く予期していないときに極端に恐怖が高まり、市場は再び上昇し始めたのである。人々の論理的思考や信念と、市場価格が示していることはまったく逆だったのである。重要なのは価格なのである。

　もしほかの人と同じように自分の考えや意見に従っていれば、私は大損しただろう。でも、私は自分の個人的な予測を無視し、複数の無相関の戦略からなる自分の戦略を信じた。強気戦略はすでにトレードし、儲けを出していた。すべてを自動化し、自分の意見や考えを除外することで、自分が理解できないような市場状態ででも儲けることができるのだ。株式市場は予測不可能だ。だから、その要素を取り除いたうえで計画を立て、何が起こっても儲けることができるようにすることが重要だ。私は正しくありたいとは思わない。ただ、市場の予測不可能性に従うだけだ。私たちのやっていることは期待を抑えることだが、結果的にはもっと良い結果を得ることができる。つまり、うぬぼれと自尊心を除外し、合理的になり、最終的には利益を得るということである。

　では、自分に合った戦略はどのように構築すればよいのだろうか。すでに述べたように、戦略は予測ではなく信念に基づいて構築する。信念と予測との違いは、信念というのはヒストリカルな価格データでバックテストできるアイデアであるということである。市場が一定の動きをしているときに歴史的にどんな動きをするかについてのアイデアが信念である。これに対して予測は、市場全体に広いレベルで反応するのではなくて、個々の会社の評価に基づくものだ。個々の銘柄は市場センチメントに左右されるため、予測するのはほぼ不可能だ。しかし、計算をある程度コンピューターで自動化すれば、現在の市場状態がすべての銘柄にとって何を意味するのかを理解することは可能だ。

　しかし、すべての戦略が同じというわけではない。あなたの戦略はあなた個人の状況に合わせて調整する必要がある。自分自身のことを戦略に反映させるためには事前作業（これについては詳しくは第3部

で説明する）が必要だ。まず、コアとなる市場概念——買いと売りを同時にトレードすること、トレンドフォローと平均回帰を同時にトレードすること——を理解する必要がある。これについてはすでに説明したが、このあとも繰り返し説明するつもりだ。したがって、市場がどんな状態でも、あなたは保護される。どういったシナリオが発生してもあなたは守られるので、市場が何をするのかを予測する必要などない。しかし、その枠組みのなかで自分自身の信念と好みを定義する必要がある。あとは市場のプライスアクションに従ってあなたの戦略をトレードするだけだ。市場を予測するというリスクの高いことをやる必要などない。

　信念が違えば、戦略も違ったものになる。例えば、あなたの信念と私の信念は違うため、あなたの戦略は私の戦略とは違ったものになるだろう。しかし、コアとなる市場原理を明確に理解していれば、あなたの戦略も私の戦略もうまくいく。例えば、12の無相関の戦略からなる私の戦略はIRA（個人退職勘定）や401k口座を持っている人たちにとってはうまくいかない。なぜなら、これらの口座では売ることはできないからだ。こういった場合は、信念を買いトレードに限定したものにすることだ。若干制限はあるものの、買いトレードだけでもお金を稼ぐことは可能だ。ただし、買いのみの戦略の場合、指標が今は弱気相場であることを示してきたとき、市場から退場してポジションをマルにしなければならないときがある。違いはこれだけだ。私の戦略が稼いでいるときに、あなたはマルになる。しかし、強気相場になるとあなたは私よりも稼げる。なぜなら、売り戦略というヘッジ戦略の保険料を支払う必要がないからだ（インバースETF［上場投資信託］を買ってヘッジするという選択肢もあるが、これらの商品の構造は紛らわしいことが多いので、注意が必要だ）。

　戦略を構築したら、ニュースは一切見る必要はない。FRB（米連邦準備制度理事会）が何か数字を発表しても、そんなものは気にする

必要はない。会社の決算報告書、年間利益……こんなものは気にする
必要はないだけでなく、積極的に無視することだ。あなたの人生を豊
かにしてくれるものに時間を使えばよい。あなたは、いつ、何を仕掛
けて手仕舞えばよいのかを教えてくれるあなたの戦略に従えばよい。
プライスアクションがあなたの戦略にやるように指示してくるものに
従えばよい。すべての仕事はコンピューターがやってくれる。いつ買
い、いつ売ればよいのかもコンピューターが教えてくれる。

　3つや4つの戦略を同時にトレードしても何の問題もない。事実、
私は最大で12の戦略を同時にトレードしている。これはコンピュータ
ーがなければ不可能だろう。私は長年にわたって自分の考えや信念を
プログラミングして検証してきた。それが私の自動化戦略に反映され
ている。今では分析はコンピューターで1回クリックするだけだ。私
は日中の細かいデータを使わないので、分析をするのにかかる時間は
1日に30分未満だ。これはあなたにもできる。これをやるのに必要な
ことは、市場が引けるまで待って、データをダウンロードし、新たな
トレードをセットアップし、ブローカープラットフォームを開き、市
場が開く前に仕掛けるだけなので、世界中のどこにいてもやることが
できる。

　あなたの仕事は、利口になって正しい銘柄を選択することではない
ため、感情によって判断を曇らされることなくやることができる。市
場を出し抜くことなどまず不可能だ。あなたの仕事は自分の戦略に従
うこと――これはだれにでもできる。市場が何をしているかなど気に
する必要は一切ない。なぜなら、あなたは市場がどんなに予想外のこ
とをやっても、利益をもたらしてくれる戦略を持っているからだ。

　人が損をするのは、感情に負けたときだ。私たちは人間なので、い
つでも冷静で合理的でいることはできない。特に損をしたときはそう
だ。だから、自分のリスク許容量を戦略にプログラミングしておくの
である。失っても耐えられるような最大損失を事前に決めておくので

ある。その閾値に達したら、あなたの戦略がトレードをやめるように指示してくれる。良い戦略を構築する人は多いが、5〜10％の損失が出ると、あわてふためき戦略を信用できなくなり、結局、悪い意思決定をしてしまうのである。最大ドローダウンを事前に決めておけば、常に冷静でいられる。最悪の場合に備え、どんなことが最悪なことなのかを知ることが重要だ。

　例えば、資産の20％以上の損失は出したくないと事前に決めておいたとしよう。その額をS&P500の最大ドローダウン（50％以上）と比較すると、それほど大きな額ではない。私はリスク許容量は最大ドローダウンと定義する。資産の20％の損失なんて大したことはない、と言う人がいるかもしれないが、それは経験に基づいたものではない。私は人々にこの損失額を頭のなかに鮮明に思い描かせ、彼らの言ったことが本当かどうかをチェックする。「あなたたちは20％のドローダウンなんて大丈夫だと言っているが、例えば100万ドルの口座で20％の損失が出れば、口座は80万ドルになる。あなたは20万ドル失っても本当に平気でいられるだろうか」

　この潜在的損失を頭のなかに明確に描き、どれだけの損失を出したら長期的な回復が難しくなるのかを明確に定義しておかなければ、最大ドローダウンに見舞われるや否や、自分の戦略を無視してしまうだろう。戦略を無視すれば、大惨事が待ち受けているだけだ。自分の戦略が長期的には回復することを信じることが重要だ。自分自身をしっかりと分析し、自分が耐えられる損失額（これについてはあとで説明する）を知れば、大きなドローダウンもゲームの一部であることが分かってくるはずだ。リスクをとり、一時的にお金を失っても、長期的には儲かることが分かっているので、パニックに陥ることはない。そう、上昇相場でも下落相場でもお金を儲けられるのだ。しかし、市場が非常に悪く、完璧な戦略をもってしても、損をすることは必ずある。損失額はファンダメンタルズトレーダーを含めだれよりも少ないが、

損失を出していることに変わりはない。こんなときは損失に耐え、あなたの戦略の長期的な科学的に立証された結果を信じるしかない。

　それでは、1日に30分だけで経済的自立を達成するために、戦略を構築する前にやるべきことを見ていくことにしよう。まず最初に、真剣に自分自身を分析する。自分を分析することで、自分の性格、好みのライフスタイル、トレードの信念や好みを深く理解するのである。例えば、売るのが嫌いな人もいるだろう。それはそれで構わない。しかし、戦略を構築するときにそのことを考慮しなければ、コンピューターの命令に従うことができず、失敗するだろう。自分に正直になることが重要だ。そして、自分の戦略に従うことが重要だ。あなたは自分の信念に従うことでのみトレードできるのだ。あなたの信念は健全で効果が立証された市場原理を反映したものでなければならないが、あなたの個性に合ったものでもなければならない。健全な市場原理はたくさんある。したがって、だれもが同じ戦略をトレードしなければならないわけではない。

　例えば、あなたが忍耐力のない人なら、トレンドフォローに従うのは難しいだろう。買いポジションを建てたら、2～3カ月利益が出ないこともあるからだ。長い間、何の成果も出ないが、突然大きな利益が出ることもある。それがトレンドフォローである。トレンドフォローは効果的な戦略だが、退屈でもある。忍耐力のない人は退屈になって、すぐに運用をやめてしまう。利益はすぐには出ないものだ。行動を取ることもそれほど多くはない。あなたはトレンドフォローを信じているかもしれないが、信念は自分の個性に合ったものでもなければならない。さもなくば大惨事になるだろう。

　一方、平均回帰に従っているのなら、ニュースは一切無視する。私はニュースは一切見ない。平均回帰の原理は、恐怖で買って、強欲で売ることだ。ニュースを見れば、専門家の叫びに影響を受けずにいることは困難だ。この戦略では、市場でパニックが高まったときに買う

必要がある。大衆と専門家の叫びの逆を行くのである。恐怖で買うことはだれにでもできるわけではなく、強欲で売ることもまたしかりである。平均回帰は、大衆の気まぐれに従うトレンドフォローとはまったく逆の戦略だ。主流の意見を無視することに心地悪さを感じ、大衆に向かうことができなければ、平均回帰でトレードすることは難しいだろう。

　さらに、戦略にはあなたの好みのライフスタイルを組み込むことも重要だ。1日に市場を30分だけ見るような生活が好みなら、そのための戦略がある（例えば、私が使っているような戦略）。1週間に1回だけ市場を見たいのなら、それに合った別の戦略がある。1カ月に1回だけ市場を見たいのなら、そのための戦略がある。非常にアクティブで、1日に10回も15回もトレードをやりたい人なら、それに合った戦略がある。私の受講者のなかには、仕事が非常に忙しく、トップレベルのエグゼクティブとして世界中を飛び回っている人がいるが、彼らは1日に30分のトレード時間もとれない。しかし、彼らはその事実を戦略に組み込み、うまくやっている。どんな戦略も事前に明確に定義し、問題や疑念を抱くことなく、パニックを起こすこともなく、厳密に従えば必ずうまくいく。

　あなたが長期にわたって従うことができる戦略とルールを作成するには、事前にハードワークが必要だ。しかし、いったん構築してしまえば、あとはそれに従って利益を出すだけである。自分に正直になり、前もって真剣に準備すれば、大きな成功を手にするだろう。失敗する唯一の方法は、自分自身に正直にならないことである。

　先に進む前に、私たちがぶつかる問題を理解しておく必要がある。金融会社はベンチマーク（普通はS&P500）に対するパフォーマンスを喧伝する。しかし、80％の機関投資家はベンチマークを打ち負かすことさえできない。その主な原因は手数料。**図表2.4**は1995年以降のS&P500のパフォーマンスを示したものだ。

図表2.4　S&P500のパフォーマンス

1995/01/02〜2016/11/23	S&P500（ベンチマーク）
CAGR	7.45%
最大ドローダウン	56.47%
年次ボラティリティ	19.28%
最長ドローダウン	86.10カ月
シャープレシオ	0.39
MARレシオ	0.13
トータルリターン	381.79%

　図表2.4を見ると分かるように、ベンチマークであるS&P500のパフォーマンスは、CAGR（年平均成長率）が7.45％、最大ドローダウンが56％、それに５年以上続いた大きなドローダウンが２回と、印象的なものとは程遠い。2000年や2007年のように資産が最高値を更新したときからトレードを始めていれば、そのあとはドローダウンに陥り、ブレイクイーブンに持っていくのに５年以上かかっただろう。これは魅力的とは言えない。

　2009年以降はベンチマーク（および株価指数全般）は上昇基調に乗っている。したがって、バイ・アンド・ホールド戦略がうまくいっただろう。しかし、これは問題だ。なぜなら、人々は近い将来だけを見て、過去を忘れてしまうからだ。2000年、2002年、2008年のように次に大きな下落がやってくるのは時間の問題だ。下落はいつか必ずやってくる。したがって、その下落で生き残ることができるような戦略が必要になる。

　図表2.5を見ると、S&P500指数に連動したまたは密接な相関関係にある投資信託を買うのは賢明ではないことは明らかだ。なぜなら、S&P500が下落すると資産の半分を失うことになるからだ。100万ドルあった口座が50万ドルに減少したら、あなたはどう思うだろうか。お

図表2.5 パフォーマンス曲線（均等目盛り）とドローダウン

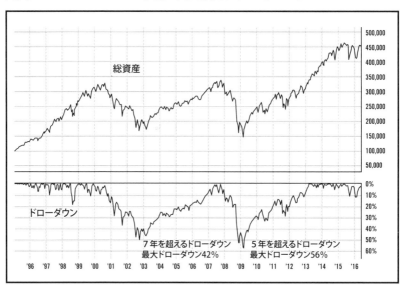

金が返ってくると、まだ信じられるだろうか。

　第3章では、シンプルな指標に従った正しいトレード原理に基づく
シンプルな戦略の構築方法について説明する。その目的は、私がいか
に賢いかまたは偉大かを示すためではない。目的は、自分が何をやっ
ているのかをきちんと理解し、市場を覆う金融アドバイスを無視すれ
ば、市場を打ち負かすことなど簡単であることを示すためである。

第**2**部

「専門家」をやっつけろ

Part2 — Beating The "Experts"

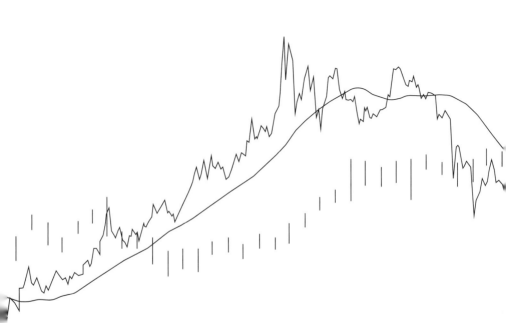

「専門家」とはあなたのお金を盗む者たち

The "Experts" Are Stealing Your Money

　テレビを見たり新聞を読んだりすると、投資は危険で時間がかかるもの、だから資産運用には専門家を雇う必要がある、と考えずにはいられなくなる。金融メディアは毎日あなたに複雑な数字ばかりを投げかけてくる。そんななかでウエルスマネジャーは空から舞い降りてあなたの手を握り、お金を稼がせてくれる存在のように思えてくる。彼らは言う。「決算書やインサイダー情報が分からなければ、長期的に持つべき最良の銘柄を選ぶことはできない。あなたには時間もないし情報も専門知識もない。だから専門家を雇いなさい」。彼らの声は圧倒的で、あなたを無力化させ、混乱させる。

　しかし、彼らの声はまったくのナンセンスだ。

　ほとんどの人は典型的な手数料ベースのアドバイザーシステムを通じて、ウエルスマネジャーを雇う。しかし、このシステムはあなたの手数料によって彼らにお金を儲けさせるためのものであって、個人投資家のあなたの利益を最大化するためのものではない。

　あなたは大きな会社に投資運用を依頼する。すると、彼らは資産運用のために年間手数料を要求してくる。さらに、株を売買したりポートフォリオを調整するための取引手数料と、成功報酬も求めてくる。

　彼らが実質的に用いるのはすべてバイ・アンド・ホールド戦略だ。銘柄を選択したら、長期にわたって持ち続ける。彼らの目標はS&P500

などの株価指数を上回る成績を上げることだ。彼らが主として使っているのは、いわゆるファンダメンタルズ分析である。彼らは、決算書などのたくさんの数字を見て、各銘柄がどこに向かっているのかを予測する。彼らには明確な手仕舞い戦略などなく、バイ・アンド・ホールドが機能するという科学的な証拠もない。大きな資産運用会社は、「市場は長期的に見れば必ず上昇する」と言って、彼らの論理を正当化する。しかし、市場でこれまで幾度となく発生した大暴落を目の当たりにした人がみんな知っているように、市場は必ず暴落する。しかも、必ずしも復活するとは限らない。

これはまさに1929年や2008年に起こったことであり、結果は悲惨なものだった。1929年の株価大暴落のあと市場は弱気相場になり、それが1932年まで続いた。**図表3.1**に示されているように、もし価格が最高値（およそ380ドル）を更新した1929年に投資を開始していれば、ドローダウンは88％に及び、その損失を取り戻すのに25年もかかっただろう。もちろん、ほとんどの人は25年も待つ忍耐力はない。大きなドローダウンに見舞われると、人々はアドバイザーを見限り、巨額の損失を抱えたまま、少なくとも5年から10年はトレードをやめる。

悪いときに備えた戦略がなければ、あなたの意思決定は感情に支配されてしまう。悪いときにはあなたはポートフォリオを最悪のタイミングで解消するため、永遠に損失を抱えたままになる。あなたは戦略的な意思決定で売るのではなく、荒涼とした証券口座を見て売る。ほぼすべてのトレーダーはこうだ。これは、不可避な悪いときに備える必要があることを認識する前に、私にも起こった。これを解決する方法は、買いと売りを同時にトレードする自動化戦略を構築することだ。事前に明確な戦略を準備しておかなければ、ドローダウンから復活するのは不可能だ。なぜなら、市場が再び上昇する前にポジションはすでに手仕舞ってしまっているからだ。

市場が下落する（必ず下落する）と、あなたがバイ・アンド・ホー

図表3.1　ダウ平均

ルド戦略で投資していれば、市場と一緒に下落する。また、大きな資産運用会社は顧客がたくさんいるので、出来高の少ない銘柄に関してはアドバイスできない。出来高の少ない銘柄を巨大な顧客ベースでトレードすれば市場に影響を及ぼすため、エッジはなくなるからだ。彼らは、自分たちのモデルの損失が業界全体の損失と同じになるように、大型株のみを推奨せざるを得ないのだ。

　また、彼らがお金を儲けられるのは市場に参加しているときだけだ。

　2008年に市場が大暴落してS&P500が56％下落したとき、彼らはあなたのお金を市場に投資し続け、あなたの口座は奈落の底へと沈んだ。賢明な投資家のようにあなたのお金を市場から引き揚げていれば、彼らは手数料を受け取ることはできなかっただろう。彼らはあなたのお金を管理してはいるが、あなたとは動機が異なるのだ。あなたは、無謀運転をするドライバーがあなたの車に乗って事故を起こしたのに、その修理代金をあなたに請求してくるようなドライバーにあなたの車

のキーを渡すだろうか。

市場が大暴落したら、アドバイザーはこう言うだろう——「はい、あなたの口座は45％減りました。でも、指数は56％も下落しました。私たちは指数を上回るパフォーマンスを上げています。長期的に見れば市場は必ず上昇しますから、あなたは必ずお金を取り戻すことができます」。しかし、彼らは市場がいつ、どれくらい上昇するのかは知らない。したがって、あなたは当面は額に汗して稼いだお金を失ったストレスに耐えなければならない。おそらくあなたは失ったお金を再び見ることはないだろう。すると彼らはこう言うだろう。「とにかく今は耐えてください」と。彼らはあなたに、損失はゲームの一部だと信じ込ませようとしているのだ。これはごく普通のことであって、だれにでも起こることなのだと。このあと本書を読めば分かると思うが、そんなことはない。

あなたのお金は市場から引き揚げられているのだから、あなたは耐えるものなど何もない。しかし、自分の腹を痛めることのない人にあなたのお金を渡してしまえば、大きく減少した口座に耐えなければならない。しかし、あなたの口座が復活する保証などない。専門家たちには別の計画があって、あなたにウソをついているのだ。その計画とは、手数料を取ることである。

実を言うと、隠れた手数料をすべて支払っているにもかかわらず、アドバイザーの90％以上は指数を上回る成績さえ上げられないのが実情だ。アドバイザーたちは複雑な分析を行うのに多くの人員を必要とし、彼らはそのコストを、管理手数料、取引手数料、そして時には成功報酬という名目で、あなたからむしり取ろうとするのである。自分で指数を買っていれば、こういったコストは一切支払う必要はなかっただろう。彼らのやっていることはあなた自身でやれたのだ。しかも、無料で。

ウエルスマネジメント業界はあなたに彼らに頼ってほしいのだ。自

分で投資できるのに、自分では投資はできないとあなたに思わせたいのだ。内情に通じた唯一の人々は大きな銀行の賢明なアナリストだけであり、彼らは会社のファンダメンタルズを分析することができ、あなたのために正しい銘柄を選択し、あなたが選択された銘柄を永遠に保有して利益が得られるようにしてくれる存在だとあなたに思わせたいのである。

　しかし、大きな銀行のアナリストはトレーダーではない。彼らは株を売買して生計を立てているわけではない。彼らは、銘柄を推奨し、人々が読みたいものを書くことで生計を立てているのだ。そして、彼らは自己資金をつぎ込むわけではないので、自分の腹が痛むことはない。彼らの推奨した銘柄の成績がどうであれ、彼らは給料をもらえる。ただそれだけである。

　彼らの仕事は、賢く聞こえるように話し、見栄えを良くし、あなたが彼らを雇いたくなるようにさせることである。彼らはこういうことにかけては長けている。でも、あなたにお金を稼がせることは不得意だ。あなたが損をしようと利益を出そうと、彼らは給料を受け取ることができる。指数が大きく下落しても、指数を上回る成績を上げられれば彼らは給料を受け取ることができるが、あなたは資産の半分を失う。指数を上回る成績を上げれば、彼らは給料をもらえるだけでなく、上司から褒められ、ボーナスももらえる。あなたの年金資金が消えかけているというのに。

　アドバイザーを雇うのは、バスケットボールコーチが出場メンバーを決定するのにスポーツライターを雇うようなものだ。「コービー、ごめんよ。ライターが君のプレーは良くないって言うんだ。だから、今夜は君を試合には出せない」。たとえチームが負けても、ライターはクビになることはなく給料ももらえるが、コーチはクビになるだろう。バカげたことのように聞こえるかもしれないが、これが金融の世界というものなのである。

図表3.2　ナスダック

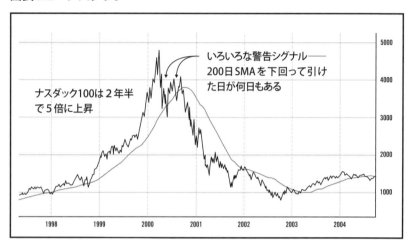

アドバイザーの動機はあなたとは違うだけでなく、彼らの戦略は欠陥だらけだ。

強気相場や2009年以降の上昇相場では彼らの戦略はうまくいくだろう。上昇相場はバイ・アンド・ホールド戦略にとっては最高の相場だからだ。しかし、バイ・アンド・ホールド戦略は持続はしない。なぜなら、市場はやがては必ず下落するからだ。遅かれ早かれ、上昇相場はやがては終わり、1929年や2008年のような大暴落が発生する。

今（2016年10月）のような良いときほど危険なときはない。市場は2009年からずっと上昇してきた。だから、バイ・アンド・ホールド戦略はほとんどの定量的戦略をアウトパフォームしてきた。経験の浅いトレーダーは、バイ・アンド・ホールド戦略はうまくいく、株価はこれからもずっと上がり続けるだろうと思ってしまう。こういった状態が長く続くほど、愚か者のマネーはますます市場に引き寄せられ、幸せなときが終わったときの下落幅も大きくなる。行きすぎた強欲が行きすぎた恐怖という逆の反応を発生させ、市場は大暴落する。

もう１つの好例が**図表3.2**のドットコムバブルが終わったあとの市

場だ。1995年3月から2000年代初期まで強気相場が続いた。だれもが
ハイテク株を買い続け、年間30％から50％の利益を上げた。ハイテク
株は何もかもが上昇していた。それから2年後、ナスダックは80％も
下落した。

　こうしたトレンドは何度も何度も繰り返し起こった。強欲になって
はならない。額に汗して稼いだお金を失わないためにも、不可避な悪
いときに備えて準備することが重要なのである。

　ファンダメンタルズトレーダーは言う。「この株は私たちのファン
ダメンタルズ分析によれば価格はXになるはずだ」と。そして、彼ら
は水晶玉をのぞき込んで言う。「この会社の経営状態は良い。だから、
株価はきっと上がる」と。しかし、いくつかの数字を見ただけでは、
会社がどうなっているのかすべてが分かるはずがない。こんなものは
エセ科学でしかないのである。

第4章

効果が立証された自動化トレードはうまくいく

Proof Automated Trading Works

　会社の株価はファンダメンタルズによって決まるわけではない。市場価格はお金の流出入、つまり需要と供給によって決まる。需要と供給は、株を買いたいとか売りたいという需要（要求）を生み出すトレーダーや投資家の感情によって決まる。つまり、株価というものは会社のファンダメンタルズで決まるのではなく、トレーダーがその会社を総体的にどう思っているかという結果を反映したものなのである。市場に好かれている会社は、株価が上昇する。これほど簡単なことはない。

　2008年にPER（株価収益率）などが健全なえりすぐりの株を持っていたとしても市場センチメントに殺されていただろう。なぜなら、すべての株価は平均で50％も下落したからだ。あなたのファンダメンタルズ分析は完璧だったかもしれないが、手仕舞いがプライスアクションに基づくものではなかったため、あなたは資産の半分を失っただろう。

　ファンダメンタルズアプローチ——「私はこの銘柄を信じている」「経営状態は良いと思う」「株価は下がっているが、それは良いレートで買えることを意味する」——を使えば、負け銘柄を保有することに対して危険な自信を持つことになる。2000年代のエンロンのように、株価が下がり続けているにもかかわらず、この「割安ですごい株」に

図表4.1　エンロン

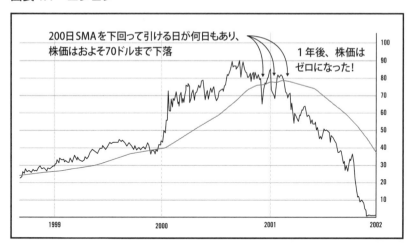

乗り続けよとメディアにそそのかされて買ったとすると、あなたは厳しい現実を思い知ることになっただろう。あなたはすべてのお金を失っただろう。エンロンの株価はゼロになったのだから（**図表4.1**）。

　プライスアクションに基づく手仕舞い戦略を持たなければ、会社の決算やニュースに頼らざるを得ない。プライスを無視すれば、次なるエンロンシナリオにさらされるはめになる。株価が70％下落して、投資銀行やアナリストが売れというのを待って売れば、もう遅すぎる。そのときにはもう資産のすべてを失ってしまっているだろう。

　PERは会社の収益力に基づく数値だが、もしこの数値が現実を反映していなかったら（これはよくある）、そんな数値は役には立たない。この数値は操作されることが多い。しかし、プライスアクションには偽りはない。ところがファンダメンタルズトレーダーのほとんどがプライスアクションを無視する。

　どんなタイプのトレンドフォロー戦略（次の例で示すような戦略）も、エンロンが破産するまであなたにエンロンの株を持ち続けさせることはしなかっただろう。しかし、ファンダメンタルズ分析を使って

図表4.2　トレンドフォローの手仕舞い戦略

トレンドフォローの手仕舞い戦略	エンロンの株価（ドル）	手仕舞い日
200日SMAの最安値	63.50	2001/03/12
100日SMAの最安値	68.87	2000/11/30
200日SMA	77.50	2000/11/24
50日SMAと200日SMAの交差	62.25	2001/03/13
30日SMAと100日SMAの交差	71.50	2001/02/23
15%のトレーリングストップ	67.40	2001/03/01
25%のトレーリングストップ	61.27	2001/03/12
3ATRのトレーリングストップ	73.80	2001/02/21
10ATRのトレーリングストップ	59.85	2001/03/21

いる２つの証券会社（RBCキャピタルマーケッツとUBSウォーバーグ）は、52週の高値である84.87ドルから2001年終わりに4.14ドルに下落するまで、エンロンを強い買い推奨から格下げすることはなかった。

図表4.2は９つのトレンドフォロー戦略のエンロンの手仕舞いを示したものだ。これらの手仕舞いのどれも魔法の公式に従っているわけではない。すべてシンプルで、１つの共通点がある。それは、プライスアクションに従っていることだ。アナリストの報告書やPERなどはすべて無視し、手仕舞いポイントはプライスアクションを見て決める。プライスアクション以外は何も見ない。

これらの手仕舞いのどれも大惨事から簡単に免れただろう。早く手仕舞いするものもあれば、遅く手仕舞いするものもあるが、どういったタイプのプライスアクションもあなたを大惨事から守ってくれたことは簡単に分かるはずだ。どの手仕舞いを選ぶかは問題ではない。問題は、ほとんどの人が手仕舞い戦略をまったく持っていなかったことだ。

あなたが依存している決算情報が正しくなかったらどうなるだろう

か。エンロンのように破産するだけだ。トレードの意思決定はプライスアクションに基づいて行わなければならない。手数料ベースのアドバイザーはプライスアクションに基づいて意思決定することはない。だから、彼らはあなたを破産リスクにさらすのである。

　最適ではない戦略に対して、なぜだれかにお金を支払う必要があるのだろうか。リスクはすべてあなたが負い、あなたが損をしても彼らには給料が支払われる。なぜそんなものに対してお金を払う必要があるのか。

　あなたはそんなことはしないはずだ。だからあなたは本書を読んでいる。

　本書は銘柄選択についてのノウハウを売るためのものではない。銘柄選択は勝てる戦略ではない。１日にわずか30分しか必要としない、勝てる自動化株式売買戦略はだれにでも構築することができる、というのが私の持論だ。こういった戦略は一貫して市場を打ち負かすことができる。また、さまざまな戦略を使うので、市場が下落しているときでも儲けることができる。

　この戦略では定量的アプローチを使う。トレードの意思決定は、ヒストリカルな価格データに基づく効果が立証されたルールをコンピューターにプログラミングすることで行い、骨の折れるつまらない仕事はすべてコンピューターに任せる。これは、水晶玉をのぞいて将来を予測する専門家にお金を支払う戦略ではなく、過去を振り返り統計学的証拠に基づくトレードを行う戦略である。

　何をやればよいかはすべてコンピューターが教えてくれるので、テレビ番組の話に惑わされることはない。混乱や感情によるストレスも、すべてトレードから追い出すことができる。

　ただし、長期にわたってお金を稼ぐには、完璧な戦略を見つけて、それを構築するという事前の作業が必要になる。これはハードワークだ。しかし、このプロセスは本書でステップバイステップで教える（こ

れは顧客に対して私が指導していること）ので心配はいらない。あなたはもう専門家を雇う必要はない。自分の力で儲けることができるのだ。

　プロセスは以下のとおりである。

●最初に株式市場がどうなるかについての仮説を立てる

　トレードで成功するためには、自分の信念を明確にすることが重要だ。成功するトレード戦略の要となるのが信念である。明確な信念がなければ、ルールを定めることもできなければ、戦略を成功裏にトレードすることもできない。

●信念に基づいて、どの銘柄を売買するのかについて、ルールに基づく仕掛けと手仕舞いの基準を決定

　あなたの信念が健全な市場原理に基づいて正しいことが立証されたら、その信念をルールにする必要がある。つまり、数値化するということである。ルールは具体的であるほど、トレードはやりやすくなる。

●バックテストソフトを使ってこれらをすべてアルゴリズムに変換

　私はプログラマーを雇ってこれをやらせた。人間が１日で情報を処理する能力には限界があるため、計算はすべてコンピューターに任せる。信念とルールを自動化したら、計算はコンピューターがものの数分でやってくれる。これは時間の節約になるだけでなく、コンピューターは人間の偏見をすべて取り除いて評価してくれる。コンピューターは戦略を計算し、正確なデータを出すだけだ。

●戦略をバックテストするためにヒストリカルデータが必要

　あなたの戦略を実際にトレードするためには、その戦略にエッジ（優位性）があることを科学的に証明する必要がある。バックテストをし

なければ、お金を失うことになる。まず、エッジがあるかどうかを確認して、将来的にどういったことが期待できるかを知るためにそれを数値化する。

●最後に、望む結果が得られるようにパラメーターの組み合わせを最適化し、そのパラメーターがトレード可能かどうかを検証

ヒストリカルデータを入手し、ルールを正しくコード化したら、パラメーターを決める。これは正しいプロセスに従って、正しく行う必要がある。過去の結果は将来の結果を保証するものではないので、求めるものは最良の結果を示すパラメーターではない。最良の結果を示すパラメーターは偶然だった可能性もあるからだ。したがって、パラメーターを検証し、将来的にも高いパフォーマンスを出すことが可能かどうかを調べる。あなたの戦略は堅牢なものでなければならない。

戦略を構築すれば、執行は簡単だ。毎日、日々の最新価格をダウンロードして、ソフトウェアとあなたの戦略の基準に合った銘柄について書かれたコードを使ってデータをスキャンする。これらの操作には何回かボタンをクリックするだけでよい。すべての作業はコンピューターがやってくれる。

ソフトウェアは毎日、自動的に買いと売りの注文を提示してくる。

あなたはブローカープラットフォームで、手動か自動で、それらの注文を出すだけだ。それが終わったら日常生活に戻る。

これらのプロセスは大きく3つに分けられる。

1. 株式市場についてのあなたの信念とお金をどのようにして儲けるかを決める
2. プログラミングと検証
3. 執行

　大変な作業のように思えるかもしれないが、それほど大変ではない。私が自分の信念を戦略に変換し始めたのは2007年のことだ。完璧にできるようになるには長い時間を要したが、いったん戦略を構築すれば、それは一生ものだ。戦略を構築するのは難しいが、一度構築してしまえば、一生の宝となる。

　今では、これらのプロセスを行うのに１日に30分もかからない。私がやるのは執行することだけである。ブローカープラットフォームで何回かボタンをクリックし、注文を入力するだけである。

　長期にわたってお金を稼ぐには、完璧な戦略を見つけて、それを構築するという事前のハードワークが必要だ。しかし、このプロセスは本書でステップバイステップで教える（これは顧客に対して私が指導していること）ので心配はいらない。あなたはもう専門家を雇う必要はない。自分の力で儲けることができるのだ。

第部

完璧な30分トレード戦略
の構築

Part3 — Building Your Perfect Thirty-Minute Trading Strategy

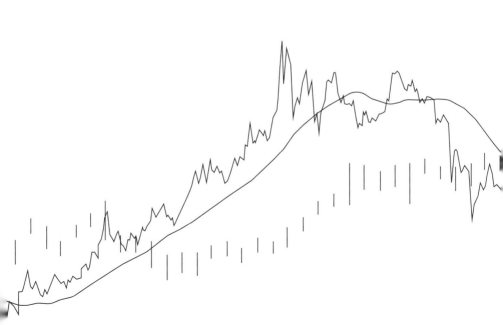

第 5 章

やらなければならないこと——まずは自分自身を知る

What It Takes – First, Know Thyself

　30分トレード戦略を構築するための最初のステップは、まずは自分自身を知ることである。トレーディングに関して、あなたはどういう人物なのか。自分の性格に合う最適なトレード戦略はどういうものか。あなたは辛抱強いのか、それともまったく忍耐力がない人なのか。あなたは大衆に従う人なのか、それとも自分独自の考えを持つ人なのか。これらをすべて洗い出したら、弱点を補うためには、あるいは長所を最大限に利用するためには何をすべきかを考える。

　あなた自身を知るために重要なことは３つある。１つ目は自分の性格を知ること、２つ目は自分のエッジ（優位性）を知ること、３つ目はあなたの信念（心理的な信念、戦略的な信念、ポジションに関する信念の３つに分けられる）を知ること。戦略を構築する前に、これらの要素を明確にすることが重要だ。そうでなければ、失敗が待っているだけだ。

　では、性格から見ていくことにしよう。自分自身を知り、あなたの性格が市場原理とどうマッチするかを知ることは必要不可欠だ。忍耐力がないのなら、それを考慮する必要がある。規律を守れる人なら高頻度トレード戦略を選ぶことができるが、自分は本当に規律を守れる人物なのかを調べる必要がある。毎日のルーティンに従うという規律に従うことができないのなら、それを補うような戦略を持つ必要があ

る。例えば、週に1回しかトレードしない戦略を採用するのもひとつの手だ。毎日ニュースを見たい人は、それがどんなに有害かを理解し、それに応じてプランを練る必要がある。

　トレードで成功する。それは一言でいえば、市場に対するあなたのエッジを理解し、それを測定（どれくらいのエッジがあるか）することである。最大のエッジの1つは、自分自身を理解すること、そしてあなたの信念をあなたのトレードにどう反映させればよいかを理解することである。これはかなり難しいことだが、これをやり遂げれば文字どおり、巨額の見返りを得ることができる。

　自分自身を理解することは頭のなかでは理解できるが、自分自身を知る努力をする人はほとんどいない。これは悲惨な結果をもたらす。私はこの過ちを犯した。だから、このことは本当によく分かっている。私はこのことを学ぶのに苦労したが、あなたはそんな苦労をする必要はない。

　まず私が学んだのは、人間の本性には制約があるということだった。私たちはそれを避けることができると思っているが、実際にはそれは不可能だ。なぜなら、それが人間というものだからだ。人間の持つ本性をすべて無視し、そのために被った悲惨な結果から私が学んだ普遍の原理というものがある。

　それは、損切りすることは人間の本性に逆らうということである。損失を出すと、株価が反発するまで待つのが人間の本性だ。これをサンクコスト（回収することのできないコスト）の誤謬と言う。つまり、私たちの脳は過ちを犯したことを認めたくないのである。結果を見直して、それが間違いだったということを理解するのではなくて、犯した過ちなど長期収益性という広大な海のなかにおける1つのささいな結果にすぎないのだと考えたときに、この誤謬は発動する。重要なのは個々のトレードではなく、何千というトレードの長期的な結果が重要なのである。損切りすることは悪いことではない。むしろ、良いこ

とであることのほうが多い。その１つのトレードを損切りすることで、あなたのトレード口座を破産させたかもしれないさらなる損失からあなたを守ることができるのである。

　もう１つは、売る判断は最初の購入価格に左右されてはならないということである。最初の購入価格を考えてしまえば、あなたはサンクコストの誤謬の餌食になる。つまり、その銘柄からすべての価値を取り出すことができなかったと考えてしまう。これは客観性や合理的思考を失わせる。

　これは頭のなかでは理解できても、実際に従うとなると難しい。私たちの感情は私たちが認める以上に意思決定に大きな影響を及ぼす。多くの人々は損を出してポジションを手仕舞いたくないために、売るのを渋る。こんな滑稽なことがあろうか。市場はあなたがいくらで買ったかなど気にしない。だったら、なぜ売買が仕掛け価格に影響されなければならないのか。

　市場の予測不可能性に対するあなたの感情による反応をシミュレートする方法はないので、これは実際の経験を通して学ぶ以外に道はない。お金を稼ぐとどんな気持ちになるのか、そしてもっと重要なのは、損をするとどんな気持ちになるかを知る必要がある。いろんなものを読み学習することで、トレードの方法は分かっていると思うかもしれないが、常に損ばかりしている（だれもが経験すること）とあなたの心理はどんな影響を受けるのかが分かるまで、あなたはまだ真剣にトレードする準備はできていないということだ。失ってもよいお金で、小さく始めよ。最初に失ったお金は授業料と考えるのだ。まずは経験を積んで、あまり損の大きくない失敗から学ぶのだ。そうでなければ、大きな失敗をして大金を失うことになる。株式トレードにおける自信過剰は人生を崩壊させることもあるので注意が必要だ。

　私はトレードを始めたとき、何も分かっていなかった。最初の資産は３万ドルだったが、年に10万ドル以上稼ごうと思っていた。なんと

愚かなことだろう。それが私を忍耐力のないアグレッシブすぎるトレードへと駆り立てた。でも、そんなことを思うのは私1人ではなかった。一緒に働いていた多くの人は年に300％以上の利益を上げることができると思っていた、アグレッシブなトレードが深刻なリスクを伴うことを理解することもなく。私は資金不足で、それは私にとって致命的だった。

　しかも、私には何の計画も戦略もなかった。超一流のトレーダーになりたい。私の頭にはそのことしかなかった。私には明確で現実的な目標と、それを達成するための方法が必要だった。私には、リッチなトレーダーがこのエキサイティングでテンポの速い世界を支配しているというイメージがあった。何というナンセンス！　私に必要なのは計画だった。どの戦略でトレードするのかも分からず、どの戦略が私に合うのかも分からなかった。ファンダメンタルズでトレードするのか、アルゴリズム（テクニカル分析）でトレードするのかも決めていなかったのだ。

　私はただ毎日モニターの前に座って、ニュースやチャートを見て、価格が上昇すると思ったときにトレードしていた。もちろん常に損切りは置いていたが、買いの意思決定も手仕舞いポイントも合理的な戦略に基づくものではなかった。私はただ予測しているだけだった。自分は動きを「感じとる」ことができる、だから私はリッチになれる、と思い込んでいたのだ。

　3万ドルの口座で生計を立てていこうと思ったら、巨大なリスクをとらなければならなかった。私の資金は毎日10％上昇しては10％下落するの繰り返しだった。でも、特に何とも思わなかった。私は愚かにも、100％正しくて失敗しない戦略、つまり聖杯を見つけることができるのももうすぐだと思っていた。

　私は自分自身についても何も分かっていなかった。自分の強みも弱みも知らない。何者なのかも分からない。だから、自分のエッジが何

なのかも分からない。心理学のことも知らなかった。だから、自分自身について考えることもなかった。トレードはプロスポーツに例えることができる。スポーツで勝つことができるのは、正しい精神状態にあり、練習を重ね、戦略を持っているときだけである。トレードは心理戦争だ。ところが、私ときたら、そんなことは知らずにトレードの世界に飛び込んだのである。そんな私がトレードで成功するはずがない。

　私はなぜトレードしたいと思ったのだろうか。私がトレードしたいと思ったのは、人生に冒険という要素が欠けていたからである。トレードはお金持ちになりながら、そんな心の隙間を埋めてくれるものであると私は思っていた。しかし、何年もかけて私の思考、信念、心理をトランスフォーム（変容）させた結果分かったのは、トレードは興奮と冒険を求める場所としては最悪の場所であるということだった。市場で興奮を求めることは、失敗を保証するようなものだ。トレードをやるには正しい動機を持つことが不可欠だ。冒険したいのなら、ほかを当たったほうがよい。私がアドベンチャースポーツや旅をしょっちゅうしているのはそのためだ。

　成功する戦略を一から構築する方法を見つけるまでには何年もかかった。健全なトレード概念と自分の信念を基に構築した、シャープレシオ（リスク・リターン・レシオ）が1.5と比較的小さな戦略は、厳格なバックテストを繰り返して「完璧な」組み合わせを見つけて構築した戦略よりもはるかに優れている。持続可能で変動する市場状態に依存しない戦略を構築するのに何よりも大事なのは、健全な信念と自分自身を理解することである。信念に基づく戦略はほかのどの戦略よりも優れている。なぜなら、トレードのセットアップがあなたの信念に裏付けられたものなら、そういったセットアップは問題なくトレードすることができるからだ。これは、自分の戦略に従うことを意味する。

　あなたの目標の１つはあなたの戦略をトレードすることである。し

かし、あなたの戦略があなたの実際の信念に基づかないものであれば、厳しい状態になったときあなたはその戦略を無視するだろう。そんなことになってはならない。

　トレード経験がない人は、第４部で示すような効果が立証された戦略を使う必要がある。戦略が手に入れば、あとはトレードを執行し、自らを鍛えていくだけだ。トレードを始めると、ほとんどの人々は、自分独自の戦略をすぐに構築することができると思いがちだ。これは脳の手術に関する本を４冊読んで、脳外科手術を行おうとするようなものだ。幸いなことに、だれもそんな人を手術室には入れてくれない。しかし不幸なことに、トレードではそれができてしまう。証券会社に口座を開くと、プレゼントがもらえる。これで彼らはあなたにトレードを促し、手数料をゲットするのである。いったんゲームを始めたら、やめるのは難しい。初心者でもプロと一緒にプレーできるのだから、そんな素晴らしいことはない。でも、彼らは必ず負ける。

　まず、トレードに関して、自分自身について知っていることをすべて書き出す。自分を中途半端に評価するというみんながよく犯す過ちを犯さないようにしよう。そんなことをすればあなたの経済的な未来はないと思ったほうがよい。

　私はマイヤー・ブリッグスの性格診断テストの大ファンだ。戦略を構築する前に自分のタイプを知っておくことは重要だ。これはあなたがどういったタイプのトレーダーかを割り出すためではなく、あなたの生まれながらに持っている性格がトレードにどう反映されるかを理解するためだ。あなたの弱点を改善するためにどういったことができるかが分かるはずだ。

　マイヤー・ブリッグスの性格診断テストは４つの二分法に基づくものだ。人は各カテゴリーにおいて２つの選択肢のなかのいずれか一方に偏る傾向がある。これはイエスかノーかの絶対的なものではなく、ただどちらの傾向が強いかを示すものだ。

　4つのカテゴリーの1つ目は外向型対内向型、2つ目は感覚型対直観型、3つ目は思考型対感情型、4つ目が判断型対知覚型だ。4つの二分法のどの組み合わせをあなたが好むかをテストが判断することで16の性格タイプに分かれる。

　私はトレードに関しては外向性か内向性かの違いはないが、そのほかのカテゴリーについては大きな違いがある。

　直観を好む人は感覚を好む人（几帳面な人）よりも物事を大局的に見る傾向がある。戦略を開発するときには直観のほうが好ましい。

　思考型と感情型については、思考型の人のほうが有利だ。トレードでは感情で意思決定してはならない。

　最後は判断型と知覚型だが、この場合、判断型の人のほうが、自由でルーティンや規律や締め切りを嫌う知覚型の人よりも規律を守り、計画的だ。

　これらは好みにすぎないことを理解することが重要だ。あなたは自分の弱点を改善することができ、たとえ理想的なトレーダーでなくてもトレードでお金を儲けられる可能性はある。また、トレードにおける弱点はほかの分野では強みになることもある。

　私は知覚型の人間だが、この弱みを考慮するようにした。自分の弱みを受け入れれば、それは克服できる。私は9時から5時まで働くのは嫌いで、働きたいときに働きたい。だから、私はトレード戦略の自動化はプログラマーに外注した。プログラマーは規律のある人でなければならない。だから、その点を考慮して雇った。これぞまさに完璧な解決策だ。

　私は大局的に考えることは得意だが、思考よりも感情に若干偏っている。これは生まれながらの性格だ。しかし、トレードには合理的で客観的な思考が求められる。したがって、働いているときは、自分をことわざに出てくるような「考える人」になるようにした。これには努力を要したが、長年の努力がやっと報われた。

　自分の弱みを改善できるように自分自身を磨いていこう。そして、苦手なことは人を雇ってやってもらおう。あなたの弱みは他人の強みであることもあるのだ。自分の得意なことでお金を稼げることに彼らは喜びを感じるはずだ。感情型の人はそれが弱みになるが、その事実に百パーセント気づくことがあなたにできる最善のことだ。弱みは克服することができるが、まずはそれを認めることが重要だ。

　マイヤー・ブリッグスの性格診断テストを受けてみることをぜひともお勧めする。もし弱みを持っていることが分かったら、その弱みを認め、あなたの人生におけるほかの分野ではその弱みは強みになることを理解しよう。そして、トレードがその弱みの影響を受けないように、ルーティンとルールを設定しよう。

　これらの性格タイプは絶対的なものではない。あなたが感情型あるいは知覚型の人だとしても、それは傾向（好み）にすぎない。弱みを克服する第一歩は、それに気づくことである。次に、解決法を見つける。外部委託してもよければ、自動化してもよい。あるいは自分を変えるのも手だ。神経言語プログラミング（NLP）のようなアプローチを使って自分を鍛えることで、規律をもっと身につけることもできるだろう。

第6章

すべてのトップトレーダーが共有する信念

The Beliefs All Top Traders Share

　市場でトレードするということは、自分の信念をトレードするということである。したがって、自分の信念を認識し理解することは非常に重要である。

　最良のトレーダーはさまざまな戦略を用いる。平均回帰、スキャルピング、長期トレンドフォロー、短期トレードなどなどいろいろだ。これらの戦略はこれを使うにふさわしい人が正しい環境で使えばすべて機能する。とはいえ、すべてのトップトレーダーが共有する共通の信念というものがいくつかある。これらを理解することは非常に重要だ。あなたもいろいろな戦略を持っていると思うが、これらのコアとなる信念には細心の注意を払うべきである。

　最も重要なのは、トップトレーダーは信念を持つことの重要性を理解していることだ。これは簡単そうに聞こえるが、極めて重要だ。平均的なトレーダーは自分たちの信念を明確にすることができていない。それで彼らは破滅する。明確な信念なくして、明確な戦略などあり得ない。つまり、自分が信じることができる効果が立証された戦略を持ち、それに文字どおり、忠実に従わなければならないということである。

　レイ・ダリオであれ、ウォーレン・バフェットであれ、ポール・チューダー・ジョーンズであれ、お金儲けをしたければ、戦略に息吹を

与える信念が必要で、その戦略に厳密に従う必要がある。戦略はいろいろあるが、戦略を持ち、それに従うという固い決意が必要なのはすべての戦略に共通している。

　私は何年にもわたって失敗や勉強を繰り返し、ようやくこのことが分かった。しかし、最後にはこれは私の第二の天性になった。以下のリストを細心の注意を払って読み、頭に叩き込んでもらいたい。

トップトレーダーが共有する信念

トレードする前や戦略を開発する前に目的や目標をはっきりさせよ

　自分が求めている結果を事前に知ることで、あなたの戦略を構築するのにかかる時間は80％節約することができる。目的や目標がないということは、終点がなく計画を立てることができないことを意味し、それでは時間のムダになる。まず目的や目標を明確にし、それからそれを達成するための計画を立てよ。あとで80％の時間を節約し、成功を確約するためには、事前にちょっと余分な時間を取る必要がある。

　目的や目標がはっきりしているほど、戦略の開発は簡単になり、実行も簡単になる。目的や目標を明確にする時間を節約してはならない。

低リスクのトレード機会がない日はトレードするな

　毎日トレードしなければならないと思うことはよくあることだ。しかし、トレードすべきではなかった日にトレードすれば、大きな損失を招くことになる。トレードしない日があっても何の問題もない。あなたの戦略に合った低リスクのアイデアのみをトレードすべきであり、それはカレンダーとは無関係だ。トレードしなかった日があったとし

ても、それで負けたと思う必要はない。損失を防ぐことができたのだ
から、それは勝ったことになる。

良いトレードは退屈

　トレードで成功するには、人間としての心理的な弱点をすべて克服
する必要がある。弱みは人生を楽しくしてくれることもあるが、トレ
ードは合理的で、ロボット的であることが重要だ。私がこれほど儲か
っている唯一の理由は、トレード戦略のルールに完璧に従うからであ
る。つまり、手順に100％従うということである。これはトレードを
投機の冒険のために使った私の初期の過ちとはまったく逆だ。これは
大惨事のレシピでしかなかった。良いルールを設定し、それに文字ど
おり厳密に従うことが、お金を儲ける唯一の方法だ。ゲームに勝つに
は、退屈かもしれないが、ゲームのルールに厳密に従わなければなら
ない。ルールを破るのはほかのところでやるべきだ。

　最初、私はこれにフラストレーションを感じ、トレードのなかで退
屈な部分（注文管理、ルールと手順を設定して従うこと）はやりたく
なかった。そこで私は完璧なスクリプトを書き、ルールを正確に実行
するのに喜びを感じる人を雇い、彼を2週間訓練した。このプロセス
には週に何時間も要したが、今ではこの作業はこの作業を喜んでやっ
てくれる人に外部委託しているので、私は退屈な作業から解放された。
彼は1日に3回リポートを送ってくれる。それを読むのに合計でもの
の数分しかかからない。これは私を退屈から救ってくれただけでなく、
無相関の戦略のリサーチやトレード業務の改善に使える時間が増えた。
これは私の強みであり、大いに楽しんでいる。

　自分の心理状態をコントロールし、弱い部分を外部委託し、規律が
身につくようになると、私の口座は開花した。私はお金をエキサイト
するものと考えるのはやめ、客観的にそして厳密に測定できる退屈な

取引と考えるようになった。最終的には自分のニーズにあったリスク特性で快適にトレードできるようになった。お金は毎日の損益で考えるのはやめた。なぜなら、効果が立証されたルールに従うことで長期にわたる成功を手にすることができ、これこそがトレードの真の目的だと思えるようになったからだ。

重要なのは日々の結果ではなく、長期的な目標こそが重要で、目標を正しく設定すれば、あなたの心理は日々の結果に左右されることはない

これはつまり、良い日でも心が高揚することはなく、悪い日でもみじめになることはないことを意味する。妻はもはやその日が勝った日なのか、負けた日なのかを識別することはできなくなった。なぜなら私はリスクと長期目標を正しく設定し、感情に左右されることがないからだ。私は負けることはない。なぜなら、短期の変動など大したことではないからだ。びくびくすることもなければ、ストレスを感じることもない。

　毎年、負ける日は多いが、負けても悩むことはない。負けた日でも、ルールに100％忠実に従った日は、勝った日と考えることにしている。このような得点表では私は負けることはない。日々の損失は、長期的に金持ちになるためのゲームの一環でしかない。『**続マーケットの魔術師——トップヘッジファンドマネジャーが明かす成功の極意**』（パンローリング）のインタビューでレイ・ダリオは次のように述べている。「80％の時間帯で正しくても給料はもらえない。給料がもらえるのはお金を儲けたときだけだ」。日々のトレードで損益が出ても、本当のお金を儲けたことにはならない。そんな損益は得点表の一時的で無意味な変動にすぎない。トレードはビジネスだ。したがって、損失は利益を出すための努力のなかで予想されるビジネスコストにすぎな

い。あなたが宝石店を経営していて、その店の家賃を払う必要がある
かどうか聞いたりするだろうか。どんなビジネスも、四半期末に利益
を出すためには必要なコストがあるのである。トレードも例外ではな
い。

　トレードで成功するためには、負けて勝ちを取ることが必要なので
ある。リスクなくして勝つことはできない。

仕掛け価格よりも仕掛けサイズのほうが重要

　これを初めて読んだのは、ジャック・シュワッガーの『続マーケッ
トの魔術師』のなかでだった。まさに的を射た言葉だ。リスク許容量
に基づいて正しいサイズで仕掛ければ、ポジションを維持することが
できる。とったリスク量が正しいので、ポジションをドテンする必要
はなく、たとえ損失が出ても、リスク許容量に基づいて事前に決めて
いた額の損失なので気にすることはない。あなたの心理状態に影響を
及ぼすほどのリスクは取っていないので、ポジションを覆す必要はな
い。

　これに対して、リスク許容量に対して仕掛けた量が多すぎれば、損
が出始めると物事の見方が変わってくる。例えば、40ドルで買って価
格が39.50ドルに下落しても大したことはないが、仕掛けた量が多す
ぎれば、あなたは損失をドルの価値で考えるようになり、すぐに手仕
舞いたくなるだろう。つまり、手仕舞いが、本来そうあるべき値動き
ではなく、ドル価による損失で決まることになってしまうということ
である。正しいサイズで仕掛ければ、こういった事態に陥らなくて済
む。

事前に時間を使って準備しておけば、努力しなくてもトレードは成功する

　トレードは私にとっては簡単だ。ただし、こう言えるのは、事前にしっかりと準備し、何年にもわたって練習を重ね熱心に取り組んできたからである。私は自分のトレード戦略を細部にわたって理解しているので、執行するのは簡単だ。疲れることもないし、ストレスを感じることもない。あなたも私のように怠りなく準備すれば、私と同じように簡単にトレードすることができる。

だれでもトレードに関して性格的な弱点を持っているが、それを認識しトレードのなかに組み込めば必ず成功する

　忍耐強いとか規律を守るとか、トレードを成功させるうえで理想的な性格というものがある。しかし、だれでも弱点がある。しかし、弱点を認め、トレードのときにそれを考慮に入れなければ、失敗するだけである。

　重要なのは、弱みを変えることができるように、それを改善しようという意思を持つことである。また自分の弱みをよく知ることも重要だ。そうすれば、弱みを利用することができる。

　私は個人的には規律とルールは大嫌いだ。しかし、この弱みを改善しようと努力してきた。あなたにもできるはずだ。改善するかどうかはあなた次第だ。これが最も重要なことだ。私は自分自身の改善に取り組むことを選んだ。だから、今では何の疑問も持たずに毎日ルールに従うことができる。とはいえ、私はルールを現実的なものにしたので、確実にルールに従うことで多少の潜在的利益は犠牲にすることもある。しかし、ルールに従わなければ、私はおそらくは失敗し、大惨事になるだろう。

たかがお金、勝っても謙虚であれ

　時には大きく儲ける日もあるだろう。しかし、重要なのは長期的な結果であることを忘れてはならない。うぬぼれたり強欲になれば、市場はあなたに一生忘れられないような教訓を与えてくるだろう。

自分のリスク許容量を知ろう──それはあなたが思うよりも少ない

　自分のリスク許容量を憶測で決めるのは間違ったやり方だ。損失を出すとどうなるのか頭のなかに思い描くまで、あるいは理想的には実際に損をするまで、これは分からないだろう。私も損失を出すことで、このことを学んだ。今ではどんな結果になっても心理的に影響されることはないことが分かっているので安心だ。

　耐えることのできる最大ドローダウンを決め、リスク許容量を超えないように戦略を構築したので、最悪の日でも眠れなくなるようなことはない。これは、長期的に見ればわずかな利益を犠牲にすることはあっても、常に100％安心していられることを意味する。最悪の日でも冷静さを失って戦略を無視することはない。それでも、長期的に見れば十分儲けることができる。もちろんこの逆もある。しかし、それは戦略を構築するときに分かっていることだ。ささいな恐怖を感じたからといって、すべてのポジションを手仕舞うようなことはない。

　大概の人は許容できる最大ドローダウンを大きめに見積もる傾向がある。30％のドローダウンに耐えられると思ったとしよう。しかし15％の最大ドローダウンに陥ればほぼ確実に落ち着かなくなり、眠れなくなり、戦略を無視したくなるだろう。これが普通だ。口座残高がそれだけ変化したら、あなたの心理にどういった影響を及ぼすかを頭のなかに明確に思い描けるまでは、リスク許容量を設定してはならない。

ドローダウンが大きいほど、ブレイクイーブンまで戻すのは難しくなる。ドローダウンが30％だと、ブレイクイーブンまで戻すには43％の利益を出さなければならない。50％だと100％の利益が必要だ。そんなことできるはずがない。

あらゆる相場つきでの戦略結果を予測せよ

私の戦略では、将来的にどんな市場になるかを予測しない主義だ。なぜなら、そんなことできるはずがないからだ。私はどんな相場つきでも儲けることができるように、無相関の戦略を組み合わせた戦略でトレードしている。どういったシナリオにも対応できるように、各市場状態であなたの戦略がどういった結果を生むのかを知ることが重要だ。

どんな戦略でも損失を出すことはある。これはごく普通のことだ。買いのみの戦略は弱気相場では利益を出すことはできない。これが事前に分かっていれば、不安に感じることはない。こういった事態に対する準備はできているし、ほかの無相関戦略が利益を出してくれるからだ。損失を出す戦略があっても、ほかの戦略がそれを補ってくれるのである。

どんなときでもうまくいく聖杯戦略などない

私は何年にもわたって完璧な戦略を探し求めてきた。これにはストレスを感じ、何年もトレードできないときが続いた。完璧な戦略でなければ、何か欠損した部分があると思っていたからだ。私は完璧な戦略を見つけられない自分を責め、サイドラインから傍観するばかりだった。あるとき、完璧な戦略など存在しないことが分かると、私はお金を稼げるそこそこの戦略をトレードし始めた。私がそこそこだと思

っていたその戦略こそが最高に素晴らしい戦略だったのである。重要なのは長期的な利益なのである。

聖杯はあなたのなかにある。聖杯とは、自分の心を落ち着かせ、規律を守り、自分の性格と目的に合った戦略を見つけることなのである。あなたは常に正しいわけではないが、長期的には必要とする以上のお金を儲けることができる。完璧など不可能で、「十分に良い」ことこそが本当に良いことであることを知ることで、私は解放感を感じた。

株式トレードの聖杯とは、自動化された複数の無相関の戦略を同時にトレードし、完璧に執行することなのである。

バックテストで成功しても、将来の成功が約束されたわけではない。私の戦略はすべてバックテストを行ったうえで構築した。だからこう言えるのだ。実際のトレードではせいぜいバックテストの結果に似た結果が得られるだけだが、最大ドローダウンは事前に知ることができるかもしれない。戦略は正しくバックテストするだけでなく、概念的に正しいものでなければならない。そうでなければ、過去には偶然うまくいったが、将来的には失敗する戦略になるのがおちだ。

市場を予測することはできないという信念を持つことは重要で、これはあなたに解放感を与えてくれる。なぜなら、うまくいかないトレードを自信をもって手仕舞うことができるからだ。短期的な損失は不可避であることを理解すること、そして自分が間違っていたことを認めることが重要だ。なぜなら、最後には自分が正しいことが分かるはずだからだ。

バックテストの結果が素晴らしすぎる戦略には注意せよ

素晴らしすぎる戦略はバグのせいかもしれないし、無意識のうちにパラメーターを最適化してしまったせいかもしれない。あるいはまったくの偶然かもしれない。戦略を開発して実行するまえに、戦略を反

証するあらゆることをやることが重要だ。つまり、戦略が概念的に正しいことを確認せよということである。

　素晴らしく良くできたものを壊すことは人間の本性に反することなので、これはあまり良い気持ちはしないだろう。しかし、最後には素晴らしいものを手に入れることができる。私はビジネスパートナーとこれをよくやる。新しい戦略を開発したら、それをパートナーに送って、「それを壊せ」と言う。つまり、素晴らしいバックテストの結果が本物であるかどうか、パラメーターは偶然良かった可能性はないか、過剰最適化していないか、概念的に正しいアイデアではなくてデータマイニングによるものではないかどうかを確認させるわけである。

　将来のシナリオは過去からは完璧に描き出すことはできない。戦略のすべてのパラメーターを確かめよ。将来有望に思えた戦略を反証するのは、フラストレーションのたまる作業だ。しかし、これを行うことで多くのお金を節約できるのである。大災難を免れたことを祝うべきである。

過ちは損失を出すことではなく、ルールに従わないこと

　負けるのもゲームの一部だ。損失を失敗と考えてはならない。成功するための基礎は事前に築いているわけだから、ルールに100％従うかぎり、必ず成功する。戦略を無視して、一時的に儲かったとすると、それは損失であり失敗と考えるべきである。一時的には幸運だったかもしれないが、市場はじきに二度と忘れることのできない教訓を与えてくるだろう。

利益を出すトレードはシンプル

　成功するトレーダーになるには、金融ニュースのすべてを知り尽く

した高度な教育を受けた天才である必要があると、私はいつも思ってきた。ほとんどの人もこう考えるだろう。しかし、ニュースは雑音でしかなく、結果を決めるのは心理状態であることが分かると、私の考え方は変わった。

　この好例は、かの有名な「タートルズの実験」だ。リチャード・デニスとビル・エックハートが構築した戦略は、高度なポジションサイジングを使ったシンプルなブレイクアウト戦略だった。こんなシンプルなものはない。しかし、最高のパフォーマンスを上げたタートルズは見事な結果を出した。なぜなら、彼はすべてのルールに厳密に従ったからだ。ルールに厳密に従わないタートルズもいたが、彼らの結果は散々なものだった。彼らはみんな良い戦略を使っていたが、大きな利益を上げたのはルールに厳密に従った者たちだけだった。

　戦略のシンプルさと概念的な正しさは、あなたにとっての最初のエッジになる。これに適正で現実的な目標と賢明なポジションサイジングを加え、ルールに厳密に従えば、鬼に金棒だ。これはマジックなんかではなく、常識にすぎない。

自分の性格に合った戦略のみをトレードせよ

　長期トレンドフォロー戦略はうまくいくが、私はこれを単独では使わない。私は長期トレンドフォローはほかの戦略と組み合わせて使う。私は自分自身のことがよく分かっている。長期トレンドフォローのような戦略では私は我慢できなくなる傾向がある。長期トレンドフォローでは利益の一部を市場に返す必要があるが、私はこれにイラつく。長期トレンドフォローはほかの人にとってはうまくいくかもしれないが、この戦略は私の心理に影響を及ぼし、ルールを無視させてしまうことを知っている。だから、私は長期トレンドフォローは単独では使わない。

目標を達成するにはポジションサイジングが鍵となる

あなたに目標を達成させるのは戦略ではなく、ポジションサイジングだ。素晴らしい戦略があれば、年に100％のリターンを上げることができると私はいつも思っていた。しかし、それはすべて、ポジションサイジングを決めるドローダウン許容量によるのである。例えば、ドローダウン許容量が年間10％だとすると、年間100％のリターンを達成するのは難しいだろう。戦略によっても違うが、予想リターンはよくて20％から30％といったところだろう。ドローダウン許容量が50％なら、おそらくは100％のリターンは達成できるだろう。

重要なのは、自分の戦略が統計学的エッジを持っていることである。魔法のアルゴリズムを使って、期待値が負の戦略（バックテストで利益が出ない戦略）を勝てる戦略に変えることはできない。そういったアルゴリズムなど存在しないからだ。

どの銘柄を買うかなんて、問題ではない。どんな戦略を使い、どんな目標を立てるかが重要なのである。使う戦略と目標によってポジションサイジング戦略が決まり、潜在的リターンも決まるのだ。私が長年やってきたように、明確な目標を持たずにトレードすることは、目に入った通りをすべて曲がるといった具合に、どの方向に行くか分からずに車を運転するようなものだ。目的地に着くことは絶対にない。

疑問に思ったときはポジションを手仕舞うか、少なくとも自分の心理に影響を及ぼさない程度までイクスポージャーを減らせ

良いトレードの本にはこう書かれている。現在の市場を客観的に見ることが重要だ。ポジションを取っているときは、どんな市場のふるまいも正当化してしまう傾向があり、客観性などなくなる。ポジショ

ンに疑問を感じたときは、手仕舞え。市場に戻ることはあとでいくらでもできるのだから。

　例えば、買いポジションを持っているとしよう。しかし、市場は下落していて、損失はかさみ続けている。フラストレーションはたまる一方だが、このポジションには思い入れが強く、あなたは感情的になっている。何が起ころうと、あなたはそのポジションを持ち続けようとする。あなたはポジションを持ち続けるためのあらゆる理由を探す。なぜなら、自分は正しいのだと思いたいからであり、負けを認めたくないからだ。これは確証バイアス（聞きたい情報ばかり集める）にほかならない。

行ったトレードと犯した過ちはすべて記録せよ

　私は自分の行ったトレードを記録するのが大嫌いだ。しかし、トレードを記録することで多くの洞察が得られるため、これは成功するためには欠かせないことだ。トレードを記録することで、あなたの戦略がどのようなパフォーマンスを上げているかや、あなたが従っているルールの比率が分かる。裁量トレーダーであれば、各トレードで思ったことを記録することで、あとで勝ちパターンや負けパターンを知り自分の意思決定を評価することができる。私は2009年以降、行ったトレードと過ちを記録してきた。そのおかげで、検証結果をよく見せるというソフトウェアのバグを発見することができた。トレードを記録していなければ、でたらめなトレードばかりしていただろう。

思考は単なる思考であって、あなた自身ではない

　仏教のこの考えをトレードの本で語るのはちょっと場違いな気がするが、この考えは私が得た最大の洞察の１つである。私は長年にわた

って窮屈な信念を持ち、自尊心も低かった。これが私がトレードでお金を稼ぐという望みや幸福を打ち砕いてきたのである。

心のなかでのおしゃべりは、利益の出る戦略の開発を阻害する。私の心のなかには常に否定的な考えがはびこり、私はそれにまったく気づいていなかった。これがトレードでも人生でもうまくいかない原因だったのだ。

あなたの思考は現実ではなく、単にあなたが考えていることにすぎない。例えば、私は、ほんの一握りの人たちだけが市場の秘密の公式を知る特権を持っている、だから私が成功するはずがない、と思っていた。しかし、私がこう考えたのは、私が過去に失敗した経験を持つからであることが分かってきた。私の心は点の間違った結び方をし、過去に失敗したのだから将来的にも必ず失敗する、と私に言い聞かせていたのである。私が本当にやらなければならないのは、信念をそれが可能だと思えるような信念に変え、勝てる戦略を見つけることだったのである。

5年前の私は、自分の思考はすべて真実であると思っていた。そのあと自己改善に励んだのだが、すべては私が作り上げていたストーリーにすぎないことに気づいたのである。私の信念は私が自分に語り、真実であると受け止めていたストーリーにすぎなかったのである。でも、実際はそうではなかった。訓練を重ねた結果、どんな思考も現実に根差したものではないことに気づき、思考にとらわれることはなくなった。それ以来、他人が私をどう思っているかなど気にならなくなった。他人の考えなど単なる思考にすぎず、私が自分自身に忠実であるかぎり、私が何者であるかは他人の思考に影響されることはない。

私は以前よりも幸福を感じ、問題には違ったアプローチで取り組むことができるようになった。問題は私を疲労困憊させていたが、今では外部の状況は変えることができないと思えるようになった。どんな問題もささいな問題にすぎないと思えるようになった。なぜなら、大

きな問題にしたところで状況が変わることはなく、私の心が崩壊する
だけだからである。

自分の強みと弱みを知れ

　私は自分が何者なのかが分からず、そのため何事も百パーセントの
真剣さで、あるいは自信を持って行うことがなかった。自分には能力
があるのが分かっていたが、それが生かされていないことも分かって
いた。

　私の自己発見の旅、そして心のトランスフォーメーション（心理的
変容）の旅がすべてを変えた。成功するのに、模範的な会社人間であ
る必要はないことが分かったのだ。自分自身であればいいのだと。そ
ういった人間は強みがある。しかし、同時に弱みもある。私には独自
の強みがあった。

　今では自分の弱みを認めることができる。私は細かいことを考える
のが嫌いで、プログラミングスキルがなく、またそのスキルを学ぶ気
もない。だから、私はプログラマーを雇って私のアイデアを検証して
もらった。私の最大の強みは創造性と戦略を開発する能力である。私
はこれらをプログラマーに伝えればよく、そうすることで自分の持て
る力を２倍使える。また、私はトレードのような複雑で難しい世界を、
明確で理解しやすい概念に変換することも得意だ。

　私の頭のなかはトレードアイデアであふれていたが、検証や実行を
最後までやり抜いたことがなかった。自分の弱みを認め、それをそれ
が得意な人に外部委託する。これはウィンウィンの関係だ。これによ
って私の戦略を効率的に適用することに99％以上成功した。私が戦略
を無視したのは全トレードの１％に満たない。当然の結果として、巨
大な利益を手に入れることができた。

戦略の開発

　前に述べた信念と、これらの信念が自分とどう関係づけられるかを理解したら、次はいよいよ戦略の開発だ。戦略の開発の第1ステップは目標を定めることだ。自分の目標を明確に定めることができたら、あとは簡単だ。なぜなら、その戦略で達成すべきことがはっきりと分かっているからだ。ほとんどの人はアイデアからスタートし、うまくいく戦略を見つけようとする。しかし、彼らは自分が何を目指しているのかは分からない。まずは、目標を定めることから始めよう。目標が定まったら、健全な市場原理を決定する。

　目標をはっきりさせるには、まずは**最初のトレード資金を決める**。これは説明の必要はないだろう。どれくらいのお金を投資する気持ちがあるのか、あるいは投資することができるのかである。ほかのステップが正しく進むように、これは書き出すことが重要だ。

　最初のトレード資金の額に基づいて、**許容できる最大ドローダウンを決める**。これはパーセンテージで定義するが、それがトレード口座残高のなかでどう見えるか——つまり、実際の金額——に注意することも重要だ。例えば、20％という数字を選ぶことは簡単だが、それは実際のお金に換算するといくらになるのか、あなたはその金額を許容できるか、を考えることも重要だということである。私は100万ドルのトレード口座を持っている多くの人に会ったことがある。彼らは20％のドローダウンくらい平気だと言うが、20万ドル失うとパニックになる。

　次に考えなければならないのは、**あなたが耐えられるドローダウン期間の長さ**である。あなたはどの時点でトレードを中断して、トレードを見直すつもりだろうか。あなたは当初資産からのドローダウンと利益のドローダウンとの違いは分かるだろうか。

　これらの質問を考えるときには、損失額を口座残高のなかで想像し

てみることである。その損失額を出してもあなたはまだ戦略をトレードしたいか、それともすぐにでも手仕舞いたいか。精神状態が影響されるようであれば、ドローダウンはもう少し低い数値に設定したほうがよいだろう。これの最も良い例は、2005年から2007年にかけてバイ・アンド・ホールドでトレードしていたが、事前にドローダウンの閾値を設定していなかった人々である。そして2008年がやってきた。彼らは売らなかった。なぜならいつ売ればよいか分からなかったからである。ドローダウンが50％から70％になり、ようやく彼らは売った、もう二度とトレードなんかしたくないと思いながら。彼らは健全な市場原理に基づいて意思決定していたのではなく、資産額のそのときの状態に基づいて意思決定していたのである。

そのときから市場は３倍に上昇した。もし彼らがリスク許容量を事前に設定していれば、もっと早くに売って、再びゲームに戻り、2009年には再び利益が出て、それ以降はずっと利益が出続けただろう。彼らが使ったバイ・アンド・ホールド戦略は今でも機能するが、彼らは感情的になって戦略を無視したのである。

損失はパーセンテージでのみ考えてはならない。具体的に失った金額ででも考えるようにしよう。そして、損失があなたの意思決定に影響を及ぼさないような精神状態でいることが重要だ。パーセンテージで考えることはもちろん合理的なことだが、人間はお金が絡んでくると合理的ではいられなくなる。

あなたの戦略は事前に十分に時間をかけて完璧なものにしているので、あなたは自分の戦略を100％信用する必要がある。短期的な損失は、たとえ１カ月に５％から10％の損失が何カ月か続いたとしても、プロセスの一部にすぎないことを知る必要がある。あなたの同僚は利益を出しているのに、あなたは５％の損失を出している。こんなときでもあなたの戦略に従うことはできるだろうか。

私が発見した一般的な法則は、人は実際には自分が許容できると思

っている半分のドローダウンしか許容できないということである。あなたの本能があなたは20％のドローダウンに耐えることができると言ったとすると、安全でいるためには最大ドローダウンは10％からスタートするのがよい。後悔するよりも安全なほうがはるかによい。戦略を無視するということはあなたがやってきた作業をすべて否定することになり、あなたの経済状態は破綻状態に陥るだろう。

　過去にトレードの経験があり、ある程度のお金を失ってもショックを受けなかったのであれば、その額から始めるのがよい。

　自分のドローダウン許容量の範囲内でトレードすることで、あなたは安心していられるし、合理的でいられる。

　また、戦略には若干の許容誤差を含めることをお勧めする。なぜなら、トレードで過ちを犯し、戦略を無視してしまうことも時折あるからだ。これは理想的とは言えないが、ごく普通のことであり、戦略に許容誤差を含ませておけば大惨事になることはない。例えば、CAGR（年平均成長率）を25％と設定したのに、18％しか達成できなくても大丈夫だろうか。また、最大ドローダウンを7％に設定したのに、12％に達しても大丈夫だろうか。人間というものは過ちを犯すものである。したがって、バックテストの結果と比べて、予想よりも若干悪い結果になっても、それは許容すべきである。

バックテストであなたが用いるCAGRの値はどのくらいだろうか。設定したドローダウンの値が大きいほど、達成できるCAGRは大きくなる。高い潜在的リスクに耐えられるほど、潜在的リワードは大きくなる。しかし、まず最初にリスクを設定することが重要だ。そうでなければ、狙うリワードが高すぎるものになるからだ。後悔するよりも安全なほうがはるかによい。リスクを低くしなければならないのなら、それはそれで構わないが、大きなリターンは期待できないことを認識すべきである。潜在的顧客の多くは、10％を超えるドローダウンには耐えられないと私に言うが、彼らは年に100％のCAGRを目指し

ている。私は彼らに、そんなことは不可能だ、そんなことが可能だと言う人は無視せよ、と言う。１年か２年は幸運に恵まれるかもしれないが、長期的には無理だ。最大で10％のドローダウンで検証しているのなら、CAGRは20％から30％を目指すべきである。長くトレードを続けていると、最良の戦略でも予想を超えるドローダウンに見舞われることがあることが分かってくるはずだ。そんなときのために事前にしっかり準備しておくことが肝要だ。

信用取引をするつもりだろうか。自分の持っているお金だけでトレードするのか、それともそれを超えるお金でトレードする（つまり、信用取引）のかを決める必要がある。例えば、買いが100％、売りが50％なら、口座価値の150％のトレードが可能だ。なぜなら、あなたのイクスポージャーは50％のネットロングになるからだ。売りポジションと買いポジションは相殺することができるのだ。しかし、信用取引はあなたにとって心地の良いものだろうか。また、IRA口座（個人退職勘定）では信用取引はできないことを知っておこう。

予想以上の利益が出たら、あなたはそれをどう扱うつもりだろうか。これは喜ばしい問題だが、これについて考えておく必要がある。例えば、ボラティリティの高い株を買い戦略でトレードしているとしよう。検証でのリターンは年間25％だ。初年度は、ドットコムバブルが起きて120％のリターンが出た。このような場合、事前にどうするかを決めておく必要がある。現金で引き出すつもりなら、どれくらいの利益が出たら現金で引き出すかを決めておく必要がある。つまり、利益目標を決めておくということである。こういった戦略がなければ、現金で引き出したはよいが、それが戦略のなかで説明されていなければ問題が生じる。予想外の成功をどう扱えばよいのか分からない人が多い。これはポジション別に考えることが重要だ。１つのポジションで150％の利益が出たら、あなたはどうするつもりか。是が非でも現金で引き出さなければならないのなら、それについての説明が必要だ。こう

いった問題に対処するためのポジションサイジングアルゴリズムを設計するのは極めて簡単だ。強欲によって戦略が台無しにされないように注意することが重要だ。こんなことに頭を悩ます必要はないと思うかもしれないが、強欲は必ず頭をもたげてくるものだ。

あなたはベンチマークを使うつもりだろうか。もしそうなら、どのベンチマークを使うつもりか。また、その理由は？　私の戦略ではベンチマークは重要ではない。ベンチマークは指数の買いのみのパフォーマンスにすぎないからだ。私は無相関の戦略を組み合わせて使うので、ベンチマークが何をしていようと気にする必要はない。私はベンチマークとは無関係の無相関の戦略をトレードするだけだ。しかし、世界やメディアを見るとベンチマークに取りつかれている人が多いように思える——今日のS&Pはどうだったとか。重要なのは、例えば、あなたの戦略が1年間で10％儲けたときに、指数は40％上昇して、あなたの周りのだれもが買いのみの戦略を自慢しているときに、あなたがどう反応するかを考えることだ。これはあなたの精神状態に影響を及ぼす。あなたがニュースにどう反応するかを知ることは重要だ。

ベンチマークはトレードには役に立たないことは頭のなかで理解するのは簡単だ。前にも述べたように、ベンチマークは特に高いリターンを上げるわけではなく、大きなドローダウンを出してきた。ベンチマークを打ち負かすことなどわけはない。だから、ベンチマークなど見る必要はない。外からの雑音はあなたを惑わすだけである。

とはいえ、時として現実があなたを悩ますこともある。だれもがニュースを無視できるわけではない。例えば、あなたは長期トレンドフォローと平均回帰とそのほかの戦略を使った無相関戦略でトレードしているとしよう。そこで突然、1999年から2000年のドットコムバブルのような強気相場になる。テレビや会合で出てくるのは、株式市場でお金儲けをするのがどれほど簡単かといった話ばかりだ。彼らは毎年60％から70％のリターンを上げている。あなたの友人の自慢話は止ま

らない。

　これが短期の場合は対処することは簡単だ。でも、外からの雑音が２年、あるいは３年続いたらどうだろう。あなたの連れ合いが、「みんな私たちよりお金を儲けているのはどうして？」と言い始めたらどうだろう。彼女はあなたが良い仕事をしているとは思っていない。でも、あなたは彼女を責めることはできない。彼女の同僚も友人もみんな自慢しているのだから。

　あなたは逆転するときが必ず来ることを知っている。雑音を振りまいている人々が最終的にはお金を失うときが必ずやってくるのだ。しかし、これまで繰り返し言ってきたように、市場がいつ反転するのかを予測する方法などない。あなたは何年か辛抱強く待てるだろうか。その間、周辺の雑音に悩まされることになるかもしれないのだ。

　友人や同僚や連れ合いやメディアが雑音を振りまいていると思ったときは、ベンチマークを考えよ。ベンチマークの奴隷になってはならない。ただ、考えるだけだ。強気相場ではあなたは大きな利益を必ず上げられることを確認せよ。そうでなければ、自分の戦略に従うことができなくなるかもしれないからだ。

　ベンチマークは強気相場のときのみ良いパフォーマンスを上げる。そのほかの市場状態では、ほかの人が損をしているときにあなたは利益を上げるだろう。ただし、あなたの戦略にボラティリティの高い株の長期トレンドフォローポジションが含まれているときは、それに対する備えが必要だ。

　第４部で述べるが、最初の戦略である「ウイークリーローテーション戦略」はこれに打ってつけの戦略だ。

あなたの戦略がベンチマークを少しだけ、あるいはかなりアンダーパフォームしているとき、あなたはどう反応するだろうか。ベンチマークをアンダーパフォームする時期が何年か続いても、あなたはそれに耐えることができるだろうか。私は自分の戦略の結果をベンチマー

113

クとは比較しないが、比較する人もいる。それはそれで構わない。しかし、ベンチマークがあなたの戦略をアウトパフォームしたときのための戦略を持っておくことは重要だ。こういうことが必ずあることを認識することは重要だ。でも、それを思い悩む必要はない。市場が大きく上昇すれば、ベンチマークはあなたを打ち負かすだろう。しかし、市場が下落すると、あなたの損失はベンチマークよりも少ないはずだ。長期的に見れば、あなたはベンチマークを追随する人よりも多くのお金を儲けることができるのである。

　あなたは「損切りは早く、利は伸ばす」を実行しているだろうか。特にトレンドフォローを使う人々は、利食いして、損失は野放しにする傾向がある。これはよくある認知バイアスだ。しかし、これには注意が必要で、その餌食にならないようにしなければならない。人々は気持ち良く感じたい。だからすぐに利食いする。しかし、気持ち良く感じることは良いトレードとは無関係だし、もっと儲けられるときに利食いするのも良いトレードとは言えない。

　人々は80％の時間帯で利益を得ることを望むが、こうして得た利益は小利だ。勝率が80％ということは敗率が20％であることを意味する。このような人は、20％の時間帯で出た損失を損切りすることができないのが普通だ。勝ちトレードが80％だとしても各トレードで出る利益は10ドルかもしれないが、20％の負けトレードを野放しにしておけば、各トレードの損失は200ドルになることもあるのである。たとえ勝率が80％でも、損失のほうが大きくなるのである。

　トレードで勝つことは頻度とは無関係だ。重要なのは全体的なバランスである。利食いのことしか考えず、損失を受け入れることができなければ、最終的には破産してしまうだろう。私たちは若いときから負けることは間違ったことだと教わってきた。負けを認める、つまり間違っていたことを認めるようには訓練されていないのである。

　子供のころ学校に行くと、試験のたびに点数を付けられた。AかB

を取れば「良い」、それ以外は「悪い」となる。悪い生徒は、間違い
を犯してはならない、という思いに駆られ、このメンタリティは一生
ついて回る。親は善意から、子供たちに正しいことと間違ったことを
教えることで、間違いを犯してはならないと教える。私はこのことは
知ってはいたが、子供たちに同じことを言った。これは不幸なことだ
が、親なんてこんなものだ。

　あなたは完璧なのだから間違いは犯さない、あるいはあなたは悪く
なってはならないから間違いを犯すことはできないという信念は、ト
レードでは自殺行為を意味する。わずか30％の時間帯で正しい戦略で
も、勝ちトレードの利益が負けトレードの損失の５倍なら、完璧な戦
略になることもあるのである。

　これは頭で理解することは簡単だが、人々は依然としてこのバイア
スの餌食になっている。何かを知っているからと言って、感情が作動
し始めたときにそれを実行できるかどうかは分からない。勝ちトレー
ドと負けトレードは別々のトレードとして測定してはならないことを
よく理解する必要がある。トレードはあなたが自分の戦略をどれくら
い完璧に執行しているかで測定されるのである。あなたをお金持ちに
してくれるのは、１つのトレードの利益ではない。重要なのは勝ちト
レードと負けトレードを合わせたネットバランスと、それぞれのトレ
ードの損益の大きさなのである。損失はできるだけ小さくして、勝ち
トレードの利益はできるだけ大きいのが理想だ。あなたが戦略に従え
ば、あとは戦略がやってくれる。

　成功とは、あなたがどれだけ忠実に戦略を実行しているか、そして
リスク許容量のなかでトレードしているか、である。あなたが自分に
点数をつける方法はこれしかないのである。

第7章

12の要素からなる秘密のレシピ

The Secret Twelve-Ingredient Recipe

どんな戦略（買い戦略、売り戦略、組み合わせ戦略など）を開発したとしても、すべて異なるが、共通する12の要素があることを覚えておくことが重要だ。私はファンダメンタルズトレーダーと一緒に仕事をすることはないが、彼らでさえこれら12の要素を使うべきだと思っている。この12の要素は明確に定義すればするほど、戦略の各部分をよりよく理解できるようになり、したがって確実に戦略を実行できるようになる。

　第4部では各戦略について詳しく見ていくが、その前に本章ではこれら12の普遍的な要素について簡単に見ていくことにしよう。

1．目標

　個人的な目標（長期的にあなたはどれくらい稼ぎたいのか）についてはすでに述べたが、戦略上の目標についてはまだ議論していない。個人の目標も戦略上の目標もどちらも非常に重要だ。

　あなたは長期トレンドフォロー戦略をトレードするつもりだとしよう。あなたは上昇トレンドにある値嵩株のポジションを常に取り、なるべく多くの動きをとらえたいと思っている。この場合のあなたの第一目標は、市場が上昇しているときに大きく張ることである。現実的

になるためには逆の目標も必要だ。つまり、上昇トレンドが終わったら、手仕舞うということである。これが、損失を受け入れ、損失にはなるべく早く見切りをつけながら、利益をどのようにして最大化するかを定義することで、トレンドフォロー戦略を実行する方法である。

戦略を検証して、トレードする前に、どういったことを達成したいかを明確に定めた目標が必要になる。トレードを成功させるためには、戦略は目標を達成するうえで重要なあなたの信念に基づくものでなければならない。

あなたが定めなければならない目標は、①心理的な目標、②運用上の目標、③個人的な目標、④戦略上の目標――の４つがある。戦略上の目標は、１つの戦略だけを用いることや複数の戦略を組み合わせて同時に用いることに分けられる。

まず心理的な目標だが、これは戦略をトレードすることによってあなたの心理状態が影響を受けないように設定するものだ。それには、最大ドローダウン、CAGR（年平均成長率）、トレード頻度を決めることが含まれる。また、どのくらいの利益を望むのか、高い勝率や高いペイオフレシオを望むのかどうかも決めなければならない。高い勝率を望むのであれば、利益目標を設定した平均回帰を使うのがよいだろう。また、ペイオフレシオが高いということは、勝ちトレードの平均利益が負けトレードの平均損失を上回ることを意味する。これはつまりトレンドフォロー戦略を用いるということである。

基本的には、各トレードが小利であっても勝ちトレードを多く出したいのであれば、勝率が高いものがよい（利益目標を設定した平均回帰戦略を使う）。また、勝ちトレードはそれほど多くなくても、各トレードの利益が大きいことを望むのであれば、ペイオフレシオが高いものがよい（トレンドフォロー戦略を使う）。

運用上の目標は、戦略をあなたのライフスタイルに合った方法でストレスを感じないで運用できるようにするために設定される。あなた

はトレードは１週間に１回仕掛けるつもりだろうか、それとも毎日仕掛けるつもりだろうか。なかにはデイトレードをやりたいと思っている人もいるだろう。あなたはトレードを自分自身で仕掛けたいのだろうか、それとも自動化か半自動化、あるいはだれかほかの人を雇ってやらせたいのだろうか。

　個人的な目標も重要だ。連れ合いや子供やほかの家族はあなたの戦略に影響を及ぼしてこないだろうか。あなたの連れ合いが投資銀行で働いていて、ベンチマークを無視することができない状態の場合、大きな強気相場になった年には問題になるだろう。

　次は戦略上の目標だ。複数の戦略をトレードするつもりなら、その目標は何だろうか。その戦略は強気相場ではどう反応するだろうか。また弱気相場では、横ばい相場では、ボラティリティの高い市場では、動きのない静かな市場では、普通の市場ではどう反応するだろうか。また、戦略の組み合わせを変えたらどうなるだろうか。ありとあらゆるシナリオに対して計画する必要がある。戦略を組み合わせるときは、戦略が互いに補い合うことが重要だ。例えば、長期トレンドフォローに売り戦略を組み合わせたとき、一方の戦略が損失を出すときにはもう一方の戦略は利益を出すだろうか。

　複数の戦略をトレードするときは、互いに補い合うように設計することが重要だ。それらの戦略は互いの弱みを補い合うパートナーのようなものである必要がある。

　自分の目標を決めることができない私の受講者は戦略を開発するときにはいつも四苦八苦する。目標が決まったら、あとは指標を使ってプライスアクションを測定し、ルールを決めて前進するのみだ。

　ほとんどの人はできるだけ少ないドローダウンで、できるだけ高いリターンを望む。そして、それが自分たちの目標だと思っている。こういった目標では、自分の心理や目標に合った戦略を開発することはできない。これは自分で自分をダメにしてしまうだけで、破産するの

は目に見えている。

2．信念

　あなたの目標はあなたの信念に結びつく。例えば、トレンドフォロ
ーは、市場はほとんどの時間帯で横ばいだが、いったんトレンド相場
になってトレンドをとらえることができれば大金を儲けられるという
健全な信念だ。利益は非常に大きいので、あなたは動きの25％をとら
えることを目標にすることも可能だ。あなたの指標やルールがあなた
に何をすべきかを教えてくれることができるように、あなたの目標の
なかには利益目標を設定する必要がある。あるいは、だれもがパニッ
クに陥っているときに恐怖で買うという信念もある。なぜなら、この
場合、市場が平均に回帰する確率は平均的な確率よりも高いからであ
る。これら２つの信念は、シンプルでコアとなるものだが、効果的で
効果が立証された信念である。どういった戦略でも、その根底にある
コアとなる信念と市場原理を理解する必要がある。自分がトレードし
ている信念がどんなものなのかはっきりしなければ、自信を失い、戦
略を実行することはできないだろう。

　また、自分の信念を検証し、それが健全な市場原理に基づくもので
あることを確認することも不可欠だ。

　あなたがトレードするのは市場ではなく、あなたの信念なのである。
株式市場には何十万という人々がひしめき合い、彼らはそれぞれに自
分の意見を持っている。おそらく彼らのなかで儲けられる人は５％く
らいなものだろうが、市場がどこに向かっているのかについての信念
は全員が持っている。お金を儲けるためには、信念についての仮説を
設け、それをバックテストして、その信念が正しいかどうかを確かめ
る必要がある。もしそれが正しいことが分かったら、その信念に基づ
いて戦略を開発するのである。市場はやりたいことをやるだけだ。市

場はあなたが何を思っているかなど気にしない。あなたは自分の信念に従ってトレードするだけである。あなたがお金を儲けられるのは、あなたの信念が科学的に、そして論理的に正しいときだけである。

　信念に基づく戦略をバックテストしたはよいが、それがうまくいかないことが判明することがある。しかし、そのうちに別のものがうまくいくことが分かってくることもある。例えば、過去20日間の最高値で買うことにはエッジ（優位性）があるという信念を持っていたとする。なぜなら、タートルズグループはその仕掛けのシグナルでトレードして、1980年代には先物取引で大成功したからだ。したがって、この信念は健全なように思える。しかし、その信念に基づく戦略をバックテストしてみると、その戦略は1980年代には大金を儲けたが、それ以降はほとんど儲けはなく、大きなドローダウンを被ったことが分かった。しかし、100日や200日といったもっと長い時間枠ではうまくいくことが分かってくる。それで、あなたはその信念をそのように変更する。

　自分のトレードをトラッキングして記録することで、新たな信念を開発し、今の信念をもっとしっかりと評価することができる。少なくとも年に１回は信念を見直し、その信念が依然として健全であるかどうかを確認する必要がある。これはパラメーターを頻繁に変えろという意味ではなく、どんなことに関してもときどきはチェックをする必要があることを意味する。その信念が統計学的に予想を大きく下回ることが分かったら、その信念は廃棄し、新たな信念を定義し直すことが重要だ。

３．トレード対象

　明確な目標と信念が決まったら、先に進もう。あなたは何をトレードするつもりなのか。本書では株式のことにしか言及していないが、

トレードできる銘柄はほかにもいろいろある。アメリカには7000を超える上場株がある。あなたはNYSE（ニューヨーク証券取引所）、アメリカ証券取引所、ナスダックに上場している全銘柄を取引したいのだろうか。あるいは、S&P500やナスダック100のような指数を取引したいのだろうか。これらにはそれぞれに長所と短所がある。

　高頻度トレード戦略でトレードしたいのなら、大きなポートフォリオのほうが簡単だ。したがって、多くのトレード対象が必要だ。平均回帰戦略も高頻度トレードに当たる。トレードごとの期待利益は小さいので、小利を得たらすぐに手仕舞い、繰り返しトレードする必要がある。例えば、ダウ平均に採用されている30銘柄だけで平均回帰戦略を用いれば、時には素晴らしいトレードになることもあるが、大きな利益が得られる機会はそう多くはないだろう。一般に、トレード対象が多いほど、トレード機会は多くなる。平均回帰がトレードする価値を持つためにはものすごい数の機会が必要だ。年に20回ほどのトレードでは、どれだけ多くのトレードが勝ちトレードになろうと、大きな富を手に入れることは不可能だろう。

　買いのみの戦略をトレードしたい場合、指数は3カ月ごとにリバランスされ、弱い会社は指数から外されるということを知っていると思う。これはトレンドフォロー戦略を開発するときに役立つ情報だ。トレンドフォローは平均回帰とは逆の戦略だ。トレンドフォローでは1つのポジションを長く保持することになるが、大きな利益をとらえることができる。

　一方、厳格な選択フィルターを使って、大きなポートフォリオでトレンドフォローを使うという手もある。トレンドフォローで全銘柄をトレードすることはできるが、本当にトレードしたい銘柄を選ぶには多くのフィルターが必要になる。

　指数をトレードするというのを勧めるのはそのためだ。ただし、指数のほかに、指数に含まれない銘柄を含めても問題はない。例えば、

マイクロソフトは最初は小さな会社で、指数に含まれていなかった。したがって、指数のほかに、創業して間もない会社を含めるのもよいだろう。

4．フィルター

　あなたの戦略が指示する銘柄に十分な出来高があることを確認するためには、流動性フィルターが必要だ。その場合、あなたの口座にある資金が問題になる。例えば、口座に５万ドルがある場合、出来高の少ない銘柄（平均出来高が10万株以下）をトレードすることができるが、口座の資金が多い場合、出来高の少ない銘柄をトレードすることはできない。なぜなら、トレードするごとに市場を大きく動かしてしまうことになるからだ。１つのアイデアとしては、口座残高に基づいて出来高フィルターを設定するのがよい。もう１つは、自分の取るポジションが、金額で表された売買代金のある比率以上になるときはトレードしないフィルターを設定することだ。売りの場合、フィルターはもっと重要になる。なぜなら、売るには適切な量の流動性が必要になるからだ。つまり、売ることができるだけの株数が必要になるということである。

　資金の少ない口座を持っている場合はあなたにとっては有利だ。なぜならビッグプレーヤーがアクセスできないような銘柄を売買できるからだ。これは大きなエッジになる。

　また、最低価格フィルターも必要だ。人によってはペニー株を嫌う人もいる。そういう人は最低価格を高く設定する必要がある。

　低位株は、例えば30セントの株とは違う動きをする。80セントの株をトレードするときは、大きく動く場合もあり、ボラティリティが高いことを知っておかなければならない。

　さらにボラティリティフィルターも必要だ。ボラティリティが両極

端な銘柄（非常に高い銘柄と非常に低い銘柄）は外すのがよい。だが、これは議論が分かれる。というのは、ボラティリティベースのポジションサイジングを使っていれば十分だと考える人もいるからだ。しかし、何らかのボラティリティフィルターは必要だろう。例えば、平均ボラティリティがS&P500の20分の1の銘柄を選んだとすると、その銘柄はまったく動かず、役には立たないからだ。ボラティリティが非常に高い銘柄をトレードすることも可能だが、その場合、証拠金が問題になる可能性がある。事前にボラティリティフィルターを設定しておけば安心だ。自分の信念と目標に基づいて、どういったボラティリティを設定すればよいのかを決めることだ。

5．セットアップ

　仕掛ける前にはどういった動きの銘柄をトレードするかについて明確なルールを決めておく必要がある。私たちが用いるのはその日の終わりのプライスアクションデータ（終値）だ。その日の終値に基づいて、翌日にどの銘柄を売買すればよいのかを教えてくれるルールを満たすには、どのくらいの価格で売買すればよいのかを決めるのである。セットアップの例としては、200日移動平均線を上回って引けた上昇トレンドにある銘柄を買う、あるいは大きく買われ過ぎた銘柄を売る、といったものが挙げられる。セットアップは、翌日に何を売買すればよいのかを教えてくれる判断基準を満たす明確な状況を示すセットアップであれば、トレンドでも押しや戻りでも何でもよい。

　求める仕掛けについての明確な信念と目標があるのであれば、あなたが望むことをやってくれるテクニカル指標を使えばよい。仕掛けがどのようなものでなければならないのかが分かっていれば——例えば、あなたの目標がトレンド相場にある銘柄を買うことであれば——、テクニカル指標（移動平均、最高値など）であなたの信念と目標を数値

化すればよい。

　例えば、売られ過ぎの銘柄を見つける（なぜなら、平均に回帰する可能性が高いから）ことがあなたの信念や目標なら、売られ過ぎや買われ過ぎを判定する指標が必要になる。レラティブストレングスが使えることだろう（一定の閾値を下回った銘柄を買う）。

　まずは信念や目標を定めよう。信念や目標が決まったら、それらを数値化するのに使える指標を探すとよいだろう。

6．ランキング

　時として、あなたの戦略はあなたのポジションサイジングが許容する以上のセットアップ（提案されたトレード）を生み出すことがある。戦略は1日に50回のトレードを行えと指示しているが、あなたのポジションサイジング（リスク管理）は10回のトレードしか許容していない。こういった場合、どの10のトレードを選ぶかをランキングパラメーターに基づいて決める必要がある。

　これはあなたの戦略と好みによって違ってくるが、ボラティリティが最も高い銘柄、ボラティリティが最も低い銘柄、変化率（ROC）が最も大きい銘柄、最も売られ過ぎの銘柄、短期トレンドが最も強力な銘柄……など、10銘柄を決める基準はいろいろある。

　例えば、押しで買う平均回帰の場合、最も大きく押した銘柄を選ぶこともできるし、最も売られ過ぎの銘柄を選ぶこともできる。しかし、用いる基準によって選ぶ銘柄は違ってくる。したがって、どういった基準で選ぶかを事前に決めておく必要がある。

7．仕掛け

　次に、セットアップ条件が満たされたあと、どのように注文を入れ

るのかを決めておく必要がある。翌日にどのように仕掛けるつもりなのだろうか。仕掛けるのは、市場が開いたときか、始値から一定のパーセンテージか、一定のATR（アベレージ・トゥルー・レンジ。真の値幅の移動平均）だけ上昇か下落した時点なのか。指値で注文するのか、それとも成り行きなのか。こういったことは事前に決めておく必要がある。

　第4部では各戦略のルールについて説明するが、こういったことについてはそのときに説明する。

8．損切り

　仕掛けるときには、リスクを制限するために手仕舞いポイントを事前に決めておく必要がある。こうすることで、トレードが計画どおりに行われていないときに負けトレードを持ち続けることがないようにできる。負けと判明したら、謙虚に損切りして、先に進むことが重要だ。そのトレードでは損をしたように感じるかもしれないが、長い目でみれば損して得を取ることになるのである。

9．再仕掛け

　損切りに引っかかって手仕舞ったあとに、別のシグナルが出たらすぐに再度仕掛けるつもりなのか。あるいは、しばらくは仕掛けないつもりなのか。これは戦略によって異なる。売り手仕舞いした翌日に買いシグナルが出て、不快になることもあるだろう。一度負けた銘柄はもう買わないつもりなら、そのようにルールに明記したほうがよい。再仕掛けすることに、検証によって確認できている統計学的エッジがあるのなら、戦略に従って、淡々と再度買うべきである。

10.　利益の保護

トレードで利益が出たときに利益を保護するポイントを設定するつもりなのか。これはトレーリングストップ（最高値からＸ％以上下落したら売る）を設定することで可能だ。トレーリングストップは利益が拡大している間はストップレートが自動的に有利な方向に更新されるが、動きが突然逆転した場合は逆指値で手仕舞うことができるので利益を保護することができる。

11.　利食い

エゴを捨てきれず、勝ちトレードが多ければ多いほど心地良く感じるような人は、利益目標を設定すべきである。例えば、「20％の利益が出たら手仕舞う」といった具合だ。これは信念、目標、性格によるが、事前に設定することに意義がある。１回のトレードで得られる利益は少ないが、勝率は高いといった素晴らしい戦略も存在する。

12.　ポジションサイジング

ポジションサイジングとは、どれくらい投資するかを決めるためのものだ。あなたはどんな戦略や数学的アルゴリズムやルールでトレードするポジションのサイズを決めるつもりなのだろうか。これは事前に決めた目標を達成するうえで非常に重要だ。これについては詳しくは第４部で説明するが、最適リスクを決めるのにはさまざまな戦略がある。効果が立証されたあなたのルールを最大限に生かすには、ポジションサイジングが極めて重要になる。

このあとの第４部では、さまざまな戦略を見ていく。これらの戦略

は、その戦略に合う人も合わない人もいるし、信念や目標も異なる。戦略はどれも大きなエッジを持ち、長いサンプル期間で検証されたものばかりだ。どの戦略を使うかはあなたが望むもの、あなたに最も合う戦略がどれかによって違ってくる。

さらに、個々の戦略を「複数の無相関戦略の組み合わせ戦略」に組み立てる方法についても説明する。これによって、あなたのエッジは指数関数的に向上する。複数の無相関戦略を組み合わせるのは、それぞれの戦略は市場タイプによってパフォーマンスが違うからであり、またあなたもご存じのように、市場は予測不可能だからである。

戦略の組み合わせはあなたが思うよりも簡単で、どの戦略も用いるルールはシンプルで簡単なものばかりだ。各戦略は私が構築した。私のトレーディング・マスタリー・スクールのエリート・メンタリング・プログラムの受講者たちはこれらの戦略を使って、独自の戦略を構築している。

第  部

効果が立証された戦略

Part4 — Meet The Proven Strategies

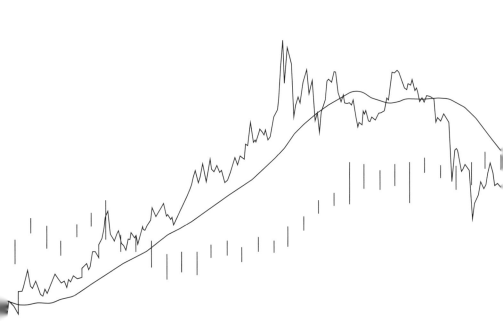

第8章

S&P500のウイークリーローテーション──忙しい人や怠け者向き

Weekly Rotation S&P500 – For The Busy Or Lazy

　あなたは平日は忙しくて、仕掛けたり手仕舞ったりする時間のない人だろうか。ウイークリーローテーション戦略は週末に仕掛けるだけで済む戦略だ。

　トレード以外のことをやっていたほうが楽しい人や、自分は怠け者だという人はいるだろうか。その事実を事前に戦略に組み込んでおけば問題はない。１週間に１回トレードするのが自分のライフスタイルに最も合っているという人、あるいは毎日市場にかかわるのは嫌いだという人にはこの戦略はお勧めだ。

　また、この戦略は買いのみの戦略なので、買いのみしかできないIRA（個人退職勘定）や401k口座を持っている人にもこの戦略は打ってつけだ。

　ニュースをよく見たり聞いたりする人や、職場や社会で外からの多くの雑音にさらされている人にとってもこの戦略は役立つはずだ。あなたが買うのはネットフリックスやテスラといった、メディアに好感を持たれる値嵩株だけだ。

　これはシンプルな戦略なのでだれにでも理解できる。

目標

●主要な指数に含まれ、価格が上昇しているブルーチップ銘柄を主体として、買いのみでトレードする。

●トレードを行うのは1週間に1回のみ（平日に市場をチェックする必要はない）。

●大きなトレンド相場途上にある銘柄に、今後も上昇し続けることを期待して飛び乗る。

●弱気相場でもドローダウンを低く抑え、S&P500を大きくアウトパフォームする（少なくともCAGR［年平均成長率］はS&P500の2倍）。

信念

　市場は横ばい相場のあと、トレンド相場になる。パフォーマンスの良い銘柄に飛び乗れば、大きなリターンを手にすることができるというのが私の信念だ。最強のパフォーマーであり続けるかぎり、ポジションを保持する。株では、その銘柄がトレンド相場になれば、そのトレンドが長く続くことは歴史が示すとおりである。マイクロソフト、アップル、デル、ネットフリックスなどが好例だ。

　この戦略の最大のエッジ（優位性）は、予想外の大きなリターンが得られることだ。

　トレンドが上昇トレンドで、上位10のパフォーマンスを示しているかぎり、ポジションは保持する。利益が出ている株を売る理由などない。

トレード対象

●S&P500指数の構成銘柄のみをトレードする。

●検証には、すべての上場銘柄と上場廃止になった銘柄と指数に加えられた銘柄と指数から外された銘柄のデータを含める。

フィルター

●過去20日間の平均出来高が最低でも100万株を超える銘柄のみを含める（流動性が十分に高い）。
●最低株価は１ドル。

ポジションサイジング

●トレードするのは最大で10ポジション。資産を10で割ってポジションサイズを算出。これは非常に簡単なポジションサイジング戦略だ。もちろん目標によっては、同じ戦略を異なるアルゴリズムを使ってトレードすることも可能だ。
●ポジションサイジングの例
    ●総資産　10万ドル
    ●１回のトレードにおけるサイズ　10万ドル÷10＝１万ドル
    ●株価が40ドルだとすると、１回のトレードで250株買う（１万ドル÷40＝250）

仕掛けのルール

1．今日はその週の最終営業日（通常は金曜日）。用いるのは１日の終値。
2．SPY（S&P500指数のETF［上場投信］）の終値が200日SMA（単純移動平均）を上回る。
    ●200日SMAから２％下にバッファーを設定する。

- ●価格は200日SMAを下回ってもよいが、2％以上は下回ってはならない。
- ●200日SMAはシンプルだが強力なツール。この移動平均線を見る機関投資家は多いが、この移動平均線には若干のノイズが含まれている。SMAから2％下にバッファーを設けたのは、SPYはこの移動平均を下回って引けることが多いが、翌日には再び上回ることが多いため。

- ●株価が200日SMAを上回っているかぎり、仕掛けることができる（SPYはS&P500の価格に完全に連動する）。

3．トレードするのは最大で10ポジション。選び方は次のとおり。

- ●その銘柄の3日間RSI（相対力指数）が50を下回る。
  - ●RSIは買われ過ぎや売られ過ぎを測定するオシレーター（RSIが高いほど買われ過ぎ）。
  - ●極端に買われ過ぎの銘柄は買わない。私たちの目的はトレンド相場にある銘柄を買うことだが、極端に買われ過ぎだと統計学的エッジがなくなる。

4．上のルール1〜3が当てはまる銘柄のなかから、過去200日において株価のROC（変化率。現在の株価÷過去の株価×100）の高い順に10の銘柄を選ぶ。

- ●動きが最も大きな銘柄をトレードする。
  - ●これはモメンタムを測定している。

5．翌週の最初の日に寄成注文で仕掛ける。

手仕舞いルール

1．今日はその週の最終営業日。

2．過去200日においてROCがトップ10にあるかぎり、ポジションは維持する。つまり、株価は上昇トレンドにあるということ。上昇

トレンドにある株を売る理由はない。

3．ROCがトップ10を外れたら、すぐに新たな銘柄と入れ替える（ローテーション）。つまり、ROCがトップ10から外れた銘柄を次の営業日に寄成注文で売り、新たにトップ10になった銘柄と入れ替える。

4．この戦略では損切りは使わない。なぜなら、動きが小さくなった銘柄を動きが大きな銘柄に次々とローテーション（入れ替える）するからである。常に動きが大きな銘柄のポジションのみを取るため、損切りは役には立たず、必要でもない。また、私たちの目標は、週に1回のみトレードすることなので、損切りを週ベースで置くのは無意味である。検証結果は損切りを置いても置かなくてもほとんど変わらない。価値が低くなった銘柄は自動的に価値の高い銘柄に置き換えられるため、損切りに引っかかることはほとんどない。損切りを置かないでトレードすることに不安を感じ、リスクをもっとしっかりと管理したいのなら、20％の損切りを置くとよいだろう。これは口座の2％のリスクに等しい（損切り20％×ポジション10％）。

図表8.1　SPY

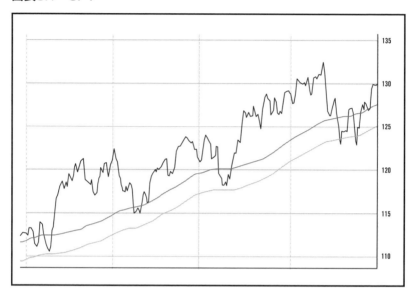

　図表8.1は200日SMAの例を示したものだ。上の濃いラインが200日SMAを示し、下の薄いラインが200日SMAから２％下に引いたバッファーを示している。

図表8.2

最終残高	5,041,642.28
CAGR	19.61%
最大ドローダウン	30.7%
最長ドローダウン	38.1カ月
勝率	48.9%
ペイオフレシオ	2.2
平均トレード日数	35.84
R2	0.92
R3	0.36
年次ソルティノレシオ	5.85
アルサーインデックス	10.06

図表8.3

1995/01/02～2016/11/23	ウイークリーローテーション	ベンチマーク
CAGR	19.61%	7.48%
最大ドローダウン	30.67%	56.47%
１カ月の最悪リターン	-13.82%	-16.52%
１日の最悪リターン	-10.01%	-9.84%
年次ボラティリティ	20.54%	19.31%
シャープレシオ	0.95	0.39
MARレシオ	0.64	0.13
日々のリターンのベンチマークとの相関	0.49	1.00
トータルリターン	4,941.67%	385.05%

　検証からは次の統計量が得られた──MARレシオ、シャープレシオ、R2、R3、ソルティノレシオ、アルサーインデックス（**図表8.2**と**図表8.3**）。それぞれの統計量には長所と短所がある。最も重要なのは、

どの統計量があなたの状況を最もよく表しているかを特定できるように、検証前に目標を明確に決めておくことである。

　どの統計量も魔法の数値（マジックナンバー）ではない。1つだけ的中すれば一生安泰というようなものなどない。すべての統計量は過去のデータに基づくものだ。

　機関投資家がよく使うのはMARレシオとシャープレシオだ。MARはこの指標を開発したマネージド・アカウント・リポートというニュースレターの頭文字を取ったもので、CAGRと最大ドローダウンの比を計算したものだ。これはシンプルで明確なゲイン対ペインレシオを示している。これは素晴らしい指標だが、ドローダウン期間については何も分からない。また、MARレシオはその戦略をトレードしていた期間が考慮されないという欠点がある。

　シャープレシオも機関投資家がよく使う指標で、これはリスク調整済みリターンを測定する指標として最もよく使われている。あなたがもし機関投資家なら、高いシャープレシオは会社から良い印象を持たれるだろう。これは平均リターンから無リスク利子率を差し引いたものを標準偏差で割って算出する。

　シャープレシオの変化形がソルティノレシオだ。シャープレシオが相場が上振れしたときも下振れしたときもリスクとして計算するのに対して、ソルティノレシオは相場が下振れしたときの影響のみをリスクとして計算するため、数少ない大きな利益のなかにエッジが存在するトレンドフォロー戦略では便利に使える。

　R2は資産曲線の傾きを測定したもので、R3はCAGR、最大ドローダウン、ドローダウン期間の関係を測定したものだ。

　アルサーインデックスは、最大ドローダウンとドローダウン期間とから下方リスクを測定したものだ。アルサーインデックスは低いほどよい。

　魔法の指標などない。目標をしっかりと定め、どの統計量あるいは

統計量の組み合わせがあなたにとって最も便利かを見極めよう。

　この例ではベンチマークとしてはS&P500を使った。**図表8.3**のバックテストの結果から分かるように、CAGRはベンチマークのほぼ3倍で、最大ドローダウンは半分、そしてMARレシオ（CAGR÷最大ドローダウン）はベンチマークよりもはるかに高い。また、シャープレシオはほぼ3倍で、ベンチマークとの相関は低い。

　勝率はそれほど高くないが、ペイオフレシオが2倍ということは、勝ちトレードの平均利益が負けトレードの平均損失の2倍であることを意味する。トレンドフォローではこれがあなたのエッジになる。

図表8.4　パフォーマンス曲線（対数目盛り）

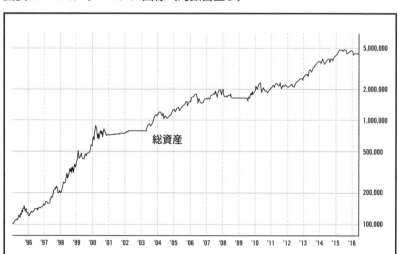

　図表8.4を見ると、総資産は1997年から2000年初期まで大きく増え
ている。そのあと2年間は、資産は横ばいだ。これはS&P500が200
日SMAを下回った時期と一致する。つまり、この間はトレードは中
断していたということである。弱気相場の間は資産に変化はない。市
場が下落しているときは、資産に変化がないのが最高の状態だ。

　そのあと資産は再び上昇し、2008年の弱気相場のあとは資産の変化
はない。弱気相場のときは何もしないことによってドローダウンを限
定し、現金で持つことで安全でいることができる。市場が回復すると、
資産は大きく増えた。

図表8.5　パフォーマンス曲線（均等目盛り）とドローダウン

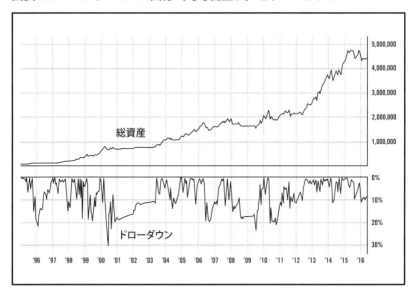

　弱気相場ではトレードはまったく行わないので、この戦略は退屈であることを理解することが重要だ。しかし、これは良いことだ。ほかの人が損をしている間、あなたの資産は変化がないのだから。

　図表8.5を見ると分かるように、1998年と1999年の結果は驚くべきものだ。弱気相場であるにもかかわらず、資産はプラスになっているのだ。このときのベンチマークはSPYだ。**図表8.6**を見ると分かるように、この戦略はSPYを大きくアウトパフォームしている。

　基本的にはこの戦略は強気相場ではベンチマークをアウトパフォームし、弱気相場ではドローダウンが限定される（つまり、資産に変化はない）。市場が下落しているときは、トレードのセットアップがあまりないからだ。横ばい相場のときは明確な上昇トレンドや下落トレンドはない。

　ある年に大きなリターンが発生したときには、市場が反転する可能性もあり、大きなドローダウンというコストを支払うことになる。し

図表8.6

	1月	2月	3月	4月	5月	6月	7月	8月	9月	10月	11月	12月	年次リターン	SPY	差分
1995	2.09%	5.45%	2.26%	1.89%	2.15%	8.00%	7.08%	5.88%	1.90%	-3.00%	-6.51%	5.27%	22.81%	35.16%	-12.36%
1996	3.27%	3.27%	-0.31%	2.52%	3.94%	1.92%	-2.01%	3.42%	-0.13%	1.85%	4.21%	-0.07%	23.96%	20.31%	3.65%
1997	10.26%	-3.52%	-2.48%	6.58%	7.14%	0.42%	16.92%	-0.30%	6.38%	-10.49%	2.31%	-0.71%	34.12%	31.39%	2.73%
1998	7.85%	15.19%	-1.57%	10.97%	1.00%	8.27%	6.83%	-6.15%	18.56%	0.15%	-3.41%	14.14%	93.92%	27.04%	66.87%
1999	25.59%	-13.82%	6.71%	-4.27%	-2.51%	7.25%	1.68%	5.01%	-2.35%	7.42%	10.38%	23.08%	75.87%	19.11%	56.77%
2000	-5.15%	30.14%	-6.00%	-6.17%	-10.79%	11.43%	-5.21%	18.91%	-7.48%	-6.92%	-0.78%	1.21%	5.49%	-10.68%	16.17%
2001	-1.43%	0.41%	0.42%	0.40%	0.35%	0.31%	0.33%	0.31%	0.24%	0.20%	0.17%	2.58%	4.34%	-12.87%	17.21%
2002	2.56%	0.24%	0.52%	0.18%	-1.13%	0.17%	0.15%	0.14%	0.14%	0.14%	0.09%	0.10%	3.31%	-22.81%	26.12%
2003	0.09%	0.06%	-0.25%	6.50%	6.61%	-2.96%	0.46%	9.09%	3.86%	12.71%	2.24%	-0.56%	43.60%	26.12%	17.47%
2004	4.61%	0.16%	-3.61%	-8.12%	3.97%	1.52%	0.22%	-2.34%	2.04%	2.86%	9.59%	1.65%	12.09%	8.94%	3.15%
2005	-0.11%	5.06%	-2.45%	-5.18%	6.95%	1.39%	4.83%	4.80%	4.14%	-4.56%	2.40%	1.69%	19.29%	3.01%	16.28%
2006	11.92%	1.81%	6.78%	-2.14%	-6.66%	2.35%	-7.44%	-4.18%	-0.45%	7.58%	3.10%	0.54%	8.01%	13.74%	-5.74%
2007	0.81%	-3.85%	8.36%	1.84%	3.90%	-1.30%	2.45%	-1.77%	5.69%	0.73%	-3.50%	4.95%	19.02%	3.24%	15.78%
2008	-12.21%	1.04%	-1.31%	0.39%	1.62%	1.74%	-7.22%	0.42%	-0.63%	0.13%	0.03%	0.03%	-15.72%	-38.28%	22.56%
2009	0.01%	0.01%	0.01%	0.01%	0.01%	-1.07%	3.70%	1.98%	5.34%	-5.09%	6.45%	8.00%	20.33%	23.49%	-3.17%
2010	3.14%	4.04%	4.97%	-1.67%	-7.95%	-6.07%	0.53%	0.22%	0.26%	-0.65%	5.14%	1.45%	2.52%	12.84%	-10.32%
2011	3.14%	3.60%	5.09%	0.83%	0.57%	-2.08%	3.57%	-6.16%	-2.91%	2.79%	1.15%	-3.47%	4.39%	-0.20%	4.59%
2012	1.95%	2.95%	1.98%	-2.29%	1.66%	6.96%	-0.30%	3.04%	4.01%	2.12%	-0.16%	1.08%	21.80%	13.47%	8.33%
2013	-0.84%	-1.65%	5.08%	0.93%	6.34%	-2.27%	9.88%	-0.96%	6.10%	3.28%	4.19%	-0.35%	44.16%	29.69%	14.47%
2014	7.42%	5.93%	-6.47%	-2.31%	4.42%	4.86%	-4.55%	4.31%	0.85%	-1.32%	6.44%	1.10%	12.20%	11.29%	0.91%
2015	-0.71%	6.24	0.53%	-3.70%	6.01%	-2.14%	-0.63%	-4.12%	-0.79%	2.98%	2.91%	-1.46%	9.46%	-0.81%	10.28%
2016	-0.71%	6.24	1.48%	-2.25%	2.28%	2.51%	6.70%	0.31%	2.28%	-4.37%	8.13%		10.21%	8.26%	1.95%

かし、あなたがトレンドフォロワーならこれは想定内だ。

　前にも説明したように、この戦略では損切りは置く必要はない。しかし、損切りを置いてトレードすることに慣れている人は、損切りを置かないと不安になるかもしれない。**図表8.7**は損切りを置いてウイークリーローテーションをトレードする方法を示したものだ。

　この**図表8.7**を見ると分かるように、損切りを置くときは近くに置く損切りではうまくいかない。なぜなら、大きく動く銘柄では近い損切りではその銘柄にあまり動く余地がないからだ。大きく動く銘柄はボラティリティが非常に高いのが普通だ。したがって、近くに損切りを置けば、すぐ損切りに引っかかってしまうだろう。損切りを20％前後離して置くのは、結局は損切りを置かない戦略とほぼ同じ結果になる。

　次はトレード例をいくつか見ていこう。

図表8.7

損切り サイズ	CAGR	MAR レシオ	最大ドロー ダウン	最長ドロー ダウン	勝率	ペイオフ レシオ
1%	9.55%	0.33	28.6%	85.0	14.8%	7.8
2%	11.36%	0.47	24.4%	48.8	21.1%	5.1
3%	12.20%	0.47	26.0%	47.9	26.7%	3.9
4%	13.32%	0.51	26.3%	48.5	31.1%	3.3
5%	13.50%	0.50	27.1%	83.6	34.9%	2.7
6%	14.22%	0.51	27.9%	83.7	38.5%	2.4
7%	14.90%	0.54	27.4%	38.2	40.5%	2.3
8%	15.20%	0.56	27.3%	38.6	42.3%	2.2
9%	15.34%	0.55	27.7%	39.0	43.5%	2.1
10%	15.45%	0.56	27.8%	38.8	44.9%	1.9
11%	15.22%	0.52	29.1%	45.2	45.2%	1.9
12%	16.11%	0.54	30.0%	38.8	46.0%	1.9
13%	15.96%	0.51	31.3%	39.0	46.3%	1.9
14%	16.18%	0.54	30.0%	39.1	47.3%	1.8
15%	16.39%	0.53	30.7%	38.9	47.5%	1.9
16%	16.64%	0.56	29.8%	38.9	47.7%	1.9
17%	17.17%	0.57	29.9%	38.9	48.3%	1.9
18%	17.04%	0.56	30.4%	39.2	48.2%	1.9
19%	17.39%	0.56	30.9%	39.2	48.9%	1.8
20%	17.75%	0.57	31.4%	40.0	48.9%	1.9
21%	17.84%	0.56	31.8%	40.0	49.2%	1.9
22%	17.81%	0.55	32.2%	41.9	49.2%	1.9
23%	17.78%	0.54	32.7%	41.9	49.3%	1.9
24%	17.88%	0.56	31.7%	40.0	49.1%	1.9
25%	17.91%	0.55	32.3%	42.0	49.2%	1.9
26%	17.83%	0.55	32.7%	42.3	49.2%	1.9
27%	17.87%	0.55	32.4%	42.3	49.1%	1.9
28%	17.82%	0.54	32.7%	42.4	49.4%	1.9
29%	18.11%	0.59	30.5%	39.1	49.2%	1.9
30%	18.10%	0.59	30.7%	39.2	49.4%	1.9

図表8.8　デル

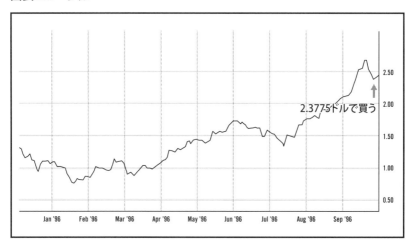

例1──仕掛け

　長期にわたって上昇してきたデルはトップ10銘柄に入ってきた。3日間RSIが50を下回ったので、週の最初の日の寄り付きで仕掛けた。

図表8.9　デル

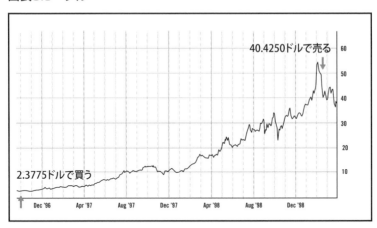

例２──手仕舞い

　これはまさに夢のトレードとも言えるものだった。２年以上ポジションを保持している間、株価は上昇し続け、その間ずっとトップ10銘柄に入っていた。

図表8.10　アブゴ・テクノロジー

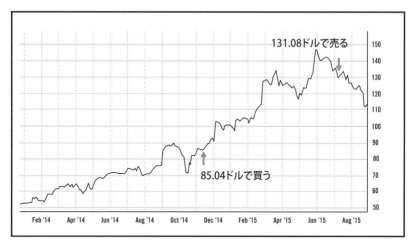

例3

仕掛け価格	85.04ドル
手仕舞い価格	131.08ドル

　この例は、ウイークリーローテーション戦略は1週間にわずか30分働くだけで、高い2桁のリターンが簡単に得られることを示している。戦略は非常にシンプルなのでトレードも簡単だ。それでもってS&P500のCAGRのおよそ3倍の19.7％を達成することができ、ドローダウンはおよそ半分だ。

　毎週、やるべきタスクは1つだけ。市場が全体的に上昇トレンドであることを確認し、もしそうなら、過去200日間にわたって最強のパフォーマンスを示したROCの高いトップ10銘柄を選択して、トレードするだけだ。これならだれにでもできる。

平均回帰の買い──大胆な逆張り投資家向け

Mean-Reversion Long – For Bold Contrarians

この戦略は、若干逆張り気味で、大衆に向かってトレードするのを好む人に打ってつけだ。つまり、ニュースを無視しても平気で、外からの雑音に影響されないような人ということである。また、IRA（個人退職勘定）を持っている人々にも向く。

目標

● 大量の銘柄からトレードする銘柄を選び、買いのみをトレードする。売られ過ぎを利用して最良の銘柄を買い、株価が平均に回帰したら売る。
● 1日の作業時間は30分以下。
● ボラティリティが高く、短期的には売られ過ぎで、長期の上昇トレンドにある銘柄をトレードする。これらの銘柄を安い価格で買い、平均に回帰したら売ることで、一貫したエッジ（優位性）を手に入れることができる。勝率としては60〜70％を目指す。
● 強気相場でも横ばい相場でも市場を打ち負かす。

信念

　市場は、非合理的で恐怖による振る舞いを見せるときがある。こういったときは人々の反応によって、大きく逆行する統計学的確率が平均的な確率よりも高くなる。

　市場を動かすものは恐怖と強欲だ。これを買いサイドで利用しようと思ったら、大きな恐怖を示した銘柄を見つける必要がある。このような銘柄はほとんどの場合は人気がなく、大きく売られ、平均よりも高いボラティリティを伴うことが多い。

　しかし、パニック売りが終わるときは必ずやってくる。それはプロのトレーダーたちが安値の銘柄を探して乗り込んでくるときだ。統計学的には、恐怖で買い、そのあとの反転（上昇）で売れば、それはエッジとなる。

　こういったトレードは人間の本性に反するものだ。つまり、大衆に向かうということである。だれもが売っていて、ニュースがことごとくパニックを報じているときに買うのは勇気がいるが、これこそが利益の出る戦略になるのである。

　これは2〜3日の短期トレードなので、トレード頻度を高める必要がある。これは多くの銘柄をスキャンし、素早く手仕舞いできるように手仕舞いルールを作成することで可能だ。

トレード対象

● AMEX（アメリカン証券取引所）、ナスダック、NYSE（ニューヨーク証券取引所）に上場している全銘柄（およそ7000銘柄）。
● トレード頻度を高める必要があるので大きなバスケットをトレードする（平均回帰トレードは短期トレードなので、大きな利益を得るためにはトレード頻度は高くなければならない）。

●ETF（上場投資信託）と店頭株はトレード対象外。

●検証には、すべての上場株と上場廃止株を含める。1995年以降の上
場株と上場廃止株を合わせるとおよそ4万株。

フィルター

●過去50日間の平均出来高が最低でも50万株を上回る。

●最低株価は1ドル。

●売買代金は少なくとも250万ドル。

　●低位株をトレードするとき、トレードするのに十分な売買代金が
　あることを確認するため。

ポジションサイジング

●1回のトレードでとるリスクは全資産の一定比率にする——この場
合は2％。

　●これはその銘柄の金額で表したボラティリティを考慮することを
　意味する。株価のボラティリティが高いほどポジションは小さく
　なり、ボラティリティが低いほどポジションは大きくなる。

●この戦略で取るポジションの数は最大で10。

●1回のトレードでとるリスクは全資産の2％。計算方法は以下のと
おり。

　N＝（f×資産額）÷トレードリスク

　N＝株数（ポジションサイズ）

　資産額＝10万ドル

　f＝1回のトレードでとるリスク＝2％

　1回のトレードでの最大損失額＝f×資産額

　　　　　　　　　　　　　　＝2％×10万ドル＝2000ドル

トレードリスク＝仕掛け価格と損切り価格との差

仕掛け価格が20.00ドル、損切りが17.00ドルとすると、リスク（金額）は、3.00ドル（20.00ドル－17.00ドル）。

N（ポジションサイズ）＝2000ドル÷3ドル＝666株

このポジションサイジングを使うのは、各ポジションで失うことができる資産の比率が明確に分かっているからである。また、トレードリスクは仕掛けの価格と損切りの価格との差として定義する。損切り幅が広いので、損切りに引っかかるトレードは少ない。たとえ損失を出してポジションを手仕舞ったとしても、損失は総リスク額よりも少なくなる。

1回のトレードでとるリスクは定義したが、総リスク額はまだ定義していない。時には、私たちに不利な方向にギャップを空けて寄り付くこともある。この例では、20.00ドルで仕掛け、17.00ドルに損切りを置いたが、夜間に起こったニュースによって10.00ドルで寄り付くこともある。このような場合、損切りは機能せず、寄り付きで大きな損失を被ることになる。

また、ボラティリティが低いとき、損切りは少なくなる。なぜなら、損切りはボラティリティに基づいて決められるからだ。ボラティリティが低いほど、損切りまでの位置は近くなり、損切り価格が仕掛け値に近いほど、トータルポジションは大きくなる。

この2つの問題を解決するために、トータルポジションサイズを総資産の一定比率に限定する。

例えば、最大ポジションサイズを10％に設定するとしよう。

上の例では、666株買うことができた。したがって、1株20ドルで666株買うと、1万3320ドル（20ドル×666株＝1万3320ドル）で、全資産の13.32％（1万3320ドル÷10万ドル＝13.32％）になる。

これを全資産の10％に変更すると、最終的なトータルポジションサ

イズは、10万ドル÷10％＝1万ドル、1万ドル÷20ドル（株価）＝
500株となる。

　この2番目のルールが適用されるのはボラティリティが低いときの
みである。

　1回のトレードでとるリスクを全資産の一定比率にするポジション
サイジングのみを使った場合、ポジションサイズは過去のボラティリ
ティに基づくものになる。もちろん、ポジションサイズをボラティリ
ティによって決めるのは良いことだが、私たちが使っているのは過去
のボラティリティであって、将来は過去と同じになるとは限らない。
これは全資産の一定比率のポジションサイジングを使ったときの欠点
である。この欠点を解決する方法はたくさんあり、高度なポジション
サイジングアルゴリズムを使うこともできるが、これは単純な例なの
で、ポジションサイズを総資産の一定比率に限定するという方法を用
いた。

仕掛けのルール

1．株価の終値が150日SMAを上回る。
　●長期的な上昇トレンドにあるのが望ましい。
2．7日ADXが45を上回る。
　●ADXは（短期）トレンドの強さを測る指標。数値が高いほどト
　　レンドは強いことを示している。
　●私たちが求めるのは、素早く短期利益を得ること。そのため、大
　　きく動く銘柄（ADXが高い）をトレードしたい。
3．過去10日のATR％（ボラティリティを測定）が4％を上回る。
　●株価調整にATR％を使うことは重要。
　　●ATR％で株価調整しなければ、株価の高い銘柄は株価の安い
　　　銘柄よりもはるかに大きなATRを示すことになり、これでは

　客観的な比較ができなくなる。ATRを終値のパーセントで表す（ATR%）ことで、すべての銘柄のボラティリティを客観的に比較することが可能になる。

●S&P500の長期ATR%は1.6%。したがって、ATR%が4%を上回るということは、ボラティリティが高い銘柄のみをトレードすることになる。

4．3日RSIが30を下回る。

●RSIは買われ過ぎや売られ過ぎを測定するオシレーター。

●RSIの値が低いほど、売られ過ぎということになる。

●このルールを使うことは、短期的に売られ過ぎの銘柄を選ぶということ。

　●これは恐怖を数値化した私たちの初めてのメソッド。

5．上のルール1～4が当てはまる銘柄のなかから、最大で10銘柄を選ぶ。

6．3日RSIが最も小さい（最も売られ過ぎている）順に銘柄をランキングする。

●私たちがトレードするのは最も売られ過ぎの10銘柄のみなので、銘柄のランキングは重要だ。ランキングしなければ、50～200のセットアップが現れることもある。

●このルールによって、人々が最も恐怖を抱いている銘柄を選ぶことになる。

7．翌日、市場が開く前に、今日の終値の4%下に指値注文を入れる。

●4%下に指値を入れるのは、日中に動きがあって株価がさらに下がれば、さらに恐怖が高まったことを意味するからだ。

●恐怖はわれわれにとっては味方なので、4%下に指値を入れることで強力なトレードになる。私たちが求めるのは人々が恐怖を抱きパニックになっている銘柄だ。その日の寄り付きよりも安く買うことができれば、それがエッジになる。

8．その日の終わりに、どの注文が執行されたかをチェックする。

9．初日に損切りを置きたい場合、損切りを置くために市場を１日中
見ていなければならないだろう。私たちは１日の作業時間は30分
と決めているので、初日には損切りは置かない。もちろん、初日
に損切りを置くことはできるが、それでは作業時間が増えすぎる
し、また私たちの目標にも合致しない。初日に損切りを置いても
置かなくても、結果に大差はない。

●例を見ると分かるように、初日に損切りを置いても置かなくても、
検証結果にほとんど差はなかった。

手仕舞いルール

1．注文が執行されたら、その日が引けたあとに損切りを置く。損切
りを置く位置は、10日ATRの2.5倍の位置。その銘柄に動く余地
を与えるため、損切りの位置は遠くに置く。私たちは下落する銘
柄を買っているので、平均回帰ではその銘柄に動く余地を与える
必要がある。

●この戦略では損切りの位置を遠くに置くことが重要。損切りの位
置を近くに置けば、この戦略はうまくいかない。その銘柄には動
く余地が必要。

●多くのポジションは仕掛けた直後には損を出すことが多いため、
これは心理的にはきついかもしれない。

2．次のいずれかの状態になるまでポジションを保持する。

A．損切りに引っかかる。

B．利益目標──ポジションが３％以上の利益を達成したら、翌日
に寄成注文で手仕舞う。

C．時間による手仕舞い──４日が経過してもAにもBにもならな
ければ、その日に引成注文で手仕舞う。

図表9.1で使った統計量を説明しておこう。

R2は資産曲線の傾きを測定したものだ。これは0と1の間の値を取る。0.96は最高に良い値だ。

R3はCAGR、最大ドローダウン、ドローダウン期間との関係を測定したものだ。数値が高いほど良い。

アルサーインデックスはトレードの最中にどれくらいの痛みを感じるかを測定したもので、数値は低ければ低いほど良いのは明らかだ。アルサーインデックスが2.89というのは非常に低い部類に入る。計算にはドローダウンの大きさと長さを使う。

図表9.2を見ると分かるように、この戦略のCAGRは高く、ドローダウンは適度である。しかし、ウイークリーローテーション戦略と比べると勝率が極めて高い。損失を出すことが嫌いで、勝率が低い戦略を嫌う人にとってこの戦略は打ってつけだ。なぜ勝率が高いのかというと、超短期の利益目標を3％に設定したからである。この戦略では多くのトレードが3％の利益目標に達し、利益を出して手仕舞いされる。高い勝率を望む人にとっては平均回帰戦略は持ってこいの戦略だ。

また、平均イクスポージャーが10％というのは非常に低い。時には100％投資することもあるかもしれないが、タイミングが良いときだけトレードするので、資産が危険にさらされることはない。

この戦略はすべての統計量でベンチマークを上回っており、ベンチマークに対する相関も低い。

もし1995年からこの戦略をトレードしていれば、10万ドルが700万ドルになっていただろう。

図表9.1

最終残高	7,657,816.66
CAGR	21.92%
最大ドローダウン	19.9%
最長ドローダウン	13.6カ月
勝率	69.6%
ペイオフレシオ	0.7
平均トレード日数	2.52
R2	0.96
R3	2.59
アルサーインデックス	2.89

図表9.2

1995/01/02〜2016/11/23	平均回帰の買い	ベンチマーク
CAGR	21.92%	7.48%
最大ドローダウン	19.93%	56.47%
１カ月の最悪リターン	-8.52%	-16.52%
１日の最悪リターン	-6.29%	-9.84%
年次ボラティリティ	10.08%	19.31%
平均イクスポージャー	10.35%	100.00%
シャープレシオ	2.18	0.39
MARレシオ	1.10	0.13
日々のリターンのベンチマークとの相関	0.31	1.00
トータルリターン	7557.82%	385.05%

図表9.3　パフォーマンス曲線（均等目盛り）とドローダウン

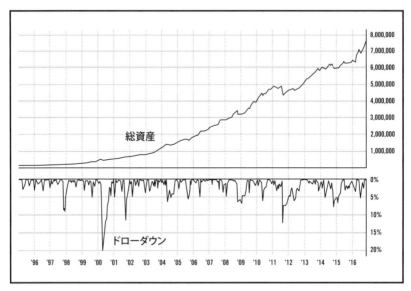

　図表9.3は資産曲線とドローダウンを並べて示したものだ。この戦略ではドローダウンを被るのはごく普通だが、勝ちトレードがドローダウンを補ってくれる。

図表9.4　月次リターンの分布

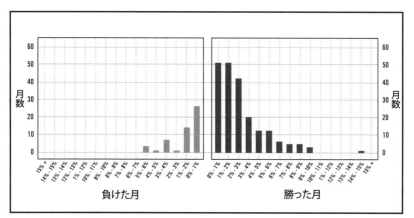

　2000年に最大ドローダウンが発生する前は、この戦略は大きな利益を上げていた。大きなドローダウンが発生したのは、大きな未実現利益によるものだ。これは予期できたことなので、耐えることができる。

　2011年のCAGRはマイナスだが、マイナスの数字は非常に小さい。平均回帰では、ボラティリティが高いほどトレード頻度は高まる。リターンが低い年はボラティリティが低かったからだ。

　図表9.4を見ると分かるように、色の濃い月（右側の利益が出た月）のほうが色の薄い月（左側の損失を出した月）よりもはるかに多い。

　最後の数年のリターンはあまり良くないが、これはボラティリティが低かったためだ。しかし、2016年にはリターンは再び上昇している。

　平均回帰ではボラティリティが高いほどトレード機会は増える。ボラティリティが低いと、あまり多くのセットアップがないため、トレード頻度も低くなる。しかし、再びボラティリティが高まれば、この戦略は以前の高ボラティリティのときのように最高のパフォーマンスを上げるだろう。

図表9.5

	1月	2月	3月	4月	5月	6月	7月	8月	9月	10月	11月	12月	年次リターン	SPY	差分
1995	1.10%	0.74%	-0.26%	-0.86%	1.42%	2.37%	2.05%	-0.37%	2.80%	7.05%	1.68%	0.91%	20.06%	35.16%	-15.11%
1996	0.61%	1.93%	-0.12%	-0.15%	-0.07%	10.27%	1.00%	1.72%	1.30%	1.94%	0.92%	1.70%	22.71%	20.31%	2.40%
1997	0.66%	1.61%	1.51%	0.85%	1.89%	-0.58%	1.50%	2.00%	3.68%	-5.11%	0.67%	3.53%	12.61%	31.39%	-18.78%
1998	2.39%	1.67%	2.36%	3.88%	1.61%	1.59%	0.73%	1.05%	2.32%	1.35%	1.65%	8.54%	33.06%	27.04%	6.01%
1999	7.91%	2.15%	9.33%	7.27%	4.43%	4.47%	0.76%	0.16%	3.68%	5.17%	9.15%	10.79%	87.68%	19.11%	68.57%
2000	8.04%	5.42%	-8.52%	-6.03%	1.30%	2.42%	5.60%	1.51%	3.35%	2.78%	0.13%	2.53%	18.74%	-10.68%	29.42%
2001	5.24%	1.96%	3.52%	0.55%	3.14%	2.98%	3.74%	3.38%	-5.73%	1.38%	1.97%	1.91%	26.37%	-12.87%	39.24%
2002	3.33%	-3.35%	5.38%	2.70%	1.20%	9.17%	1.44%	1.51%	0.78%	0.14%	0.46%	1.33%	26.32%	-22.81%	49.13%
2003	4.57%	1.64%	-3.28%	3.16%	4.29%	4.08%	4.68%	5.21%	0.38%	5.56%	9.41%	5.51%	53.57%	26.12%	27.45%
2004	3.85%	7.49%	0.57%	-4.53%	3.56%	0.64%	-0.73%	-0.37%	0.19%	5.09%	3.31%	1.53%	22.02%	8.94%	13.08%
2005	4.91%	2.20%	2.47%	2.24%	1.16%	0.50%	-2.35%	-1.53%	1.30%	7.01%	1.86%	5.57%	27.99%	3.01%	24.98%
2006	0.90%	0.38%	2.36%	4.52%	3.58%	2.03%	2.09%	0.42%	0.51%	2.63%	-0.29%	0.45%	21.30%	13.74%	7.56%
2007	4.19%	0.35%	3.02%	1.60%	2.10%	-0.09%	3.49%	6.49%	0.68%	2.25%	-1.18%	0.60%	25.91%	3.24%	22.67%
2008	-0.56%	-0.06%	1.19%	1.70%	2.36%	-0.22%	8.18%	0.58%	3.35%	-5.65%	0.03%	0.03%	10.89%	-38.28%	49.17%
2009	1.03%	0.01%	0.31%	2.09%	5.43%	2.63%	-0.13%	4.75%	4.03%	-0.75%	0.81%	4.29%	27.14%	23.49%	3.65%
2010	-1.78%	7.16%	2.02%	1.01%	-0.17%	0.84%	0.77%	2.57%	1.68%	0.55%	-0.15%	2.27%	17.80%	12.84%	4.96%
2011	0.87%	-0.02%	-1.39%	0.31%	1.01%	-0.38%	0.63%	-6.61%	-0.33%	0.45%	0.02%	2.47%	-3.20%	-0.20%	-3.00%
2012	-0.62%	2.95%	-0.45%	-2.92%	0.46%	2.31%	0.69%	0.57%	2.22%	0.59%	2.29%	1.75%	10.12%	13.47%	-3.35%
2013	2.28%	2.49%	-1.14%	2.91%	0.97%	1.73%	2.24%	1.10%	3.32%	-2.76%	1.25%	0.91%	16.21%	29.69%	-13.48%
2014	0.12%	1.69%	-1.82%	0.05%	0.91%	2.78%	-0.75%	1.04%	-0.49%	-3.59%	-0.07%	0.94%	0.65%	11.29%	-10.64%
2015	-0.53%	1.45%	2.78%	-0.18%	2.87%	-1.11%	-0.01%	-0.72%	-0.55%	1.05%	0.30%	1.75%	7.22%	-0.81%	8.03%
2016	-1.60%	-0.72%	8.61%	0.15%	3.38%	-2.24%	2.58%	-1.69%	4.88%	0.47%	5.08%		19.92%	8.26%	11.67%

図表9.6　ダイナバックス・テクノロジーズ

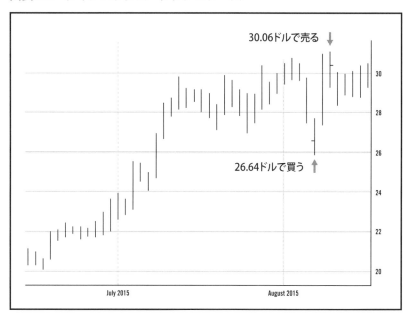

例１──ダイナバックス・テクノロジーズ

仕掛け価格	26.64ドルで買う
最初の損切り	23.91ドル
手仕舞い価格	２日後の寄り付きで売る（スリッページを含む）

　しばらくの間は上昇トレンドが続く。仕掛ける直前に大きな恐怖が
発生。恐怖は私たちにとっては味方になる。大きな恐怖が発生したこ
とを示唆する短期的な押しで買う。余裕を持たせた損切りを置く。こ
の場合、損切りに引っかかることはなく、翌日に利益目標に達したの
で手仕舞って、大きな利益を手にした。

図表9.7　レンレン（人人網）

例２──レンレン（人人網）

仕掛け価格	3.21ドルで買う
損切り	2.29ドル
手仕舞い価格	２日後の寄り付きで3.57ドルで売る（スリッページを含む）

　この銘柄も大きな上昇トレンドが続いていたが、パニックが発生した。押しがそれだ。押しが発生したところが仕掛けどころ。だれもがパニックに陥っているときに、私たちの自動化戦略は買えと指示する。こんなところで買うのはほとんどの人は嫌がる。これはネガティブな大きなニュースによるものだろう。人々は悪いニュースを聞くと売らないではいられない。そこが私たちのチャンスになる。私たちは恐怖が大好きで、その恐怖が大きいほど好都合なのだ。

図表9.8　オレキシジェン・セラピューティクス

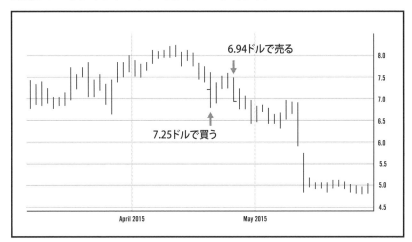

例3──オレキシジェン・セラピューティクス（負けトレード）

仕掛け価格	7.25ドルで買う
損切り	6.60ドル
手仕舞い価格	4日後にタイムストップによる手仕舞い（6.94ドルで引成注文で売る）

　この銘柄も上昇トレンドが続き、恐怖による押しが発生したので仕掛けた。これまでの例との違いは、このトレードは利益目標に達することはなく、損切りに引っかかることもなかった。4日後に（タイムストップ）、負けを認め、売った。これ以上持ち続けていれば、損失はさらにかさんでいた。私たちが必ずタイムストップを設定するのはこのためだ。タイムストップは、これは良い銘柄ではないから、ほかのもっと良い機会を探せ、ということを教えてくれるものだ。

図表9.9 ゼルティック・アセティックス

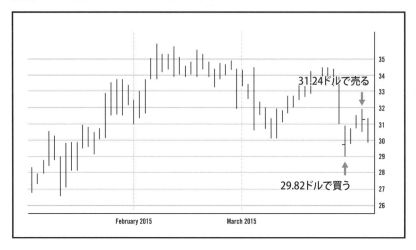

例4──ゼルティック・アセティックス

仕掛け価格	29.82ドルで買う
最初の損切り	27.74ドル
手仕舞い価格	利益目標に達した3日後に寄成注文で売る

　これも今までと同じ経路をたどる。上昇トレンドが続き、パニック
が発生。そこで買って、遠くに離して損切りを置く。その直後に株価
は上昇。翌日に寄成注文で売る。

まとめ

これまでの例を見ても分かるように、この戦略は非常にシンプルだ。

1．上昇トレンドであることを確認する。
2．ボラティリティが高いことを確認する。
3．人々の恐怖が高まっていることを確認する。これは押しとなって
　　現れる。翌日にさらに安くなったところで買う。
4．小利で手仕舞う──損切りとタイムストップを設定する。

　この戦略で利益を出すための鍵は、できるだけ多くトレードするこ
とである。1回のトレードで得られる利益はそれほど多くないので、
トータル的に見て多くの利益を手にするにはトレード頻度を上げる必
要がある。

第 10 章

平均回帰の売り──悪い市場で儲ける

Mean-Reversion Short – Make Money In Bad Markets

　ほとんどの人は売りをやりたがらない。なぜなら、売ることに慣れていないからだ。しかし、売りは市場で利益をとらえる偉大な方法だ。大衆に向かうトレードに心地良さを感じ、ニュースを無視することをいとわない人、それでもって平均回帰の買いとは異なる戦略を求める人にとって、この戦略は打ってつけだ。

　この戦略は市場が下落しているときに儲けるように設計されている。この戦略は平均回帰の買い戦略やウイークリーローテーション戦略と組み合わせて使うと最大の効果を発揮する。これがこの戦略をトレードする理想的な方法だ。第５章で述べたように、これらの戦略は組み合わせると完璧に調和しながら機能する。

　売り戦略は買い戦略に比べると、やや信頼性に欠ける部分がある。なぜなら、売る株は買う株よりも入手しにくいし、政府が売りを禁じることもあるからだ。市場が大きなパニックに見舞われたとき、政府は売りを禁じたことがある。政府はいきなり、「売りは直ちに禁止だ！」と言うのである。こういったことが起こる可能性があるので注意が必要だ。

　また、証券会社があなたが売りたいだけの株を提供してくれないこともある。

　過去５年においては私の売りトレードの96％以上は執行されたので、

これは大きな問題ではないが、注意するに越したことはない。

目標

● 大量の銘柄から売りのみをトレード。買われ過ぎの株を売り、平均に回帰したら買い戻す。
● 1日の作業時間は30分以下。
● ボラティリティが高く、短期的に買われ過ぎの銘柄を売る。この戦略は弱気相場と横ばい相場でうまくいく。
● 弱気相場でベンチマークを打ち負かす。

信念

　この戦略は平均回帰の買い戦略に似ているが、買い戦略が売られ過ぎの銘柄をトレードするのに対して、この戦略は買われ過ぎの銘柄をトレードする点が異なる。短期的な恐怖で買う前に、短期的な強欲で売るのがこの戦略だ。

　市場が非合理的で、恐怖や強欲による振る舞いを見せると、統計学的には、逆行する確率が平均的な確率より高くなる。

　市場を動かすものは恐怖と強欲だ。これを売りサイドで利用するためには、強欲が支配している状況を見つける必要がある。こういった銘柄は値嵩株が多く、アマチュアたちが好み、急行列車に乗るかのように飛び乗っていた銘柄だ。こういった株は高いボラティリティを伴うのが普通だ。

　こうした状況下では、プロのトレーダーが利食いするときが必ずやってくる。統計学的には、強欲で売って、そのあと株価が下落したときに買い戻せばエッジが得られる。

　こういったトレードは人間の本性に逆らうものであり、大衆に向か

うトレードになる。だれもが買っていて、ニュースが熱狂を報じているときに売るのは度胸がいるが、これこそが儲かる戦略になる。

　私たちが行うのは2～3日の短期トレードなので、トレード頻度を高める必要がある。これは多くの銘柄をスキャンし、素早く手仕舞いできるように手仕舞いルールを作成することで可能だ。

トレード対象（平均回帰の買いと同じ）

● AMEX（アメリカン証券取引所）、ナスダック、NYSE（ニューヨーク証券取引所）に上場している全銘柄（およそ7000銘柄）。
● ETF（上場投資信託）と店頭株はトレード対象外。
● すべての上場株と上場廃止株で検証。1995年以降の上場株と上場廃止株を合わせるとおよそ4万株。

フィルター

● 過去20日間の平均出来高が最低でも50万株を上回る。
● 最低株価は10ドル。

ポジションサイジング

● 1回のトレードでとるリスクは全資産の一定比率──この場合は2％。
● 1回のトレードでとる最大のポジションサイズは全資産の10％。

仕掛けのルール

　これは基本的には買い戦略の反対だ。最大の違いは、SMAを使わ

ない点だ。なぜなら、この戦略は買い戦略を補佐するのが最大の目的
だからだ。つまり、この戦略は買い戦略と調和するように機能させな
ければならないということだ。一般に、買い戦略はそれまで上昇トレ
ンドだったトレンドが下落トレンドになると損失を出し始めるが、こ
の戦略によって、買い戦略も売り戦略も損を出さずに済む。

1．7日ADXが50を上回る。

2．過去10日のATR％が5％を上回る。

3．過去2日は上昇日だった。

4．3日RSIが85を上回る。

　●ルール4はルール3と組み合わせることで強欲を測定することが
　　できる。私たちの目指すものは強欲を見つけることだ。映画『ウ
　　ォール街』のなかでゴードン・ゲッコーは「欲は善だ」と言った。
　　人々が売るときが必ずやってくる。そこが私たちの儲けどころだ。

5．ルール1～4が当てはまる銘柄のなかから、最大で10銘柄を選ぶ。

6．銘柄は3日RSIが大きいもの順にランキングする。

　●最も買われ過ぎの銘柄が最も強欲が強い。

7．翌日、市場が開く前に、今日の終値で売る指値注文を出す。

8．その日の終わりに、どの注文が執行されたかをチェックする。

9．初日に損切りを置きたい場合、前の例で説明したような損切り注
　　文を置くためには、1日中市場を見ていなければならないだろう。
　　1日の作業時間は30分以下にしたいので、トレードする日には損
　　切りは置かない。

　●初日に損切りを置いても置かなくても、検証結果はほとんど変わ
　　らない。

手仕舞いルール

1．注文が執行されたら、市場が引けたあとに損切りを置く。損切り

を置く位置は、仕掛け価格から10日ATRの2.5倍上の位置。この損切りの位置は遠い。なぜなら、私たちが売っているのは急上昇している銘柄なので、平均回帰トレードはその銘柄に動く余地が必要だからだ。

2．次のいずれかの状況になるまでポジションを保持する。

A．損切りに引っかかる。

B．利益目標——4％の以上の利益が出たら、翌日に寄成注文で手仕舞う。

C．時間による手仕舞い——AにもBにもならなければ2日が経過した時点で、その日に引成注文で手仕舞う。

図表10.1

最終残高	3,602,653.94
CAGR	17.79%
最大ドローダウン	15.3%
最長ドローダウン	14.3カ月
勝率	62.6%
ペイオフレシオ	0.8
平均トレード日数	1.70
R2	0.94
R3	1.72
アルサーインデックス	2.78

図表10.2

1995/01/02〜2016/11/23	平均回帰の売り	ベンチマーク
CAGR	17.79%	7.48%
最大ドローダウン	15.33%	56.47%
１カ月の最悪リターン	-7.34%	-16.52%
１日の最悪リターン	-6.25%	-9.84%
年次ボラティリティ	11.50%	19.31%
平均イクスポージャー	13.66%	100.00%
シャープレシオ	1.55	0.39
MARレシオ	1.16	0.13
日々のリターンのベンチマークとの相関	-0.24	1.00
トータルリターン	3502.65%	385.05%

　結果は買い戦略とほとんど同じだ。勝率が高く、イクスポージャーが低く、トレード期間が短く、アルサーインデックスも低い。結果は素晴らしいものだ。

図表10.3　パフォーマンス曲線（対数目盛り）

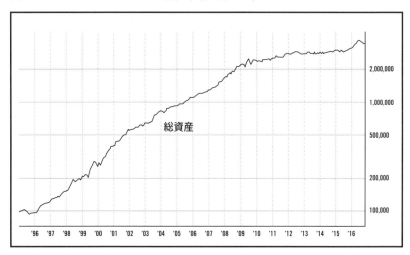

図表10.4　パフォーマンス曲線（均等目盛り）とドローダウン

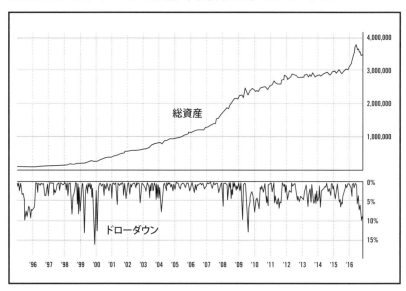

　買い戦略と比較すると、この戦略と買い戦略は完璧に相補的であることが分かる。**図表10.5**を見ると分かるように、売り戦略は弱気相場（2000年～2002年、2008年）で素晴らしいリターンを上げている。売り戦略のパフォーマンスが悪かった年（2012年～2013年）は買い戦略が補ってくれた。

図表10.5

	1月	2月	3月	4月	5月	6月	7月	8月	9月	10月	11月	12月	年次リターン	SPY	差分
1995	0.32%	2.19%	-1.06%	0.96%	-1.19%	-1.37%	-5.14%	0.27%	2.19%	0.10%	-1.81%	0.10%	-4.56%	35.16%	-39.73%
1996	1.93%	2.75%	3.38%	9.14%	1.92%	1.10%	1.35%	1.60%	1.28%	-2.01%	1.93%	0.96%	28.06%	20.31%	7.74%
1997	4.91%	0.89%	1.91%	-1.05%	3.53%	-0.05%	2.75%	3.43%	0.85%	4.93%	0.66%	-0.39%	24.55%	31.39%	-6.84%
1998	3.92%	3.16%	5.33%	9.98%	2.95%	-5.50%	2.45%	1.52%	2.84%	-2.44%	9.12%	-4.75%	31.05%	27.04%	4.01%
1999	4.84%	2.48%	2.09%	-4.29%	10.80%	2.58%	8.43%	5.81%	5.76%	-3.98%	1.39%	-6.90%	31.23%	19.11%	12.12%
2000	3.82%	0.89%	6.42%	4.84%	2.27%	6.45%	6.87%	-0.07%	5.21%	4.98%	0.43%	-0.99%	49.22%	-10.68%	59.90%
2001	2.47%	7.70%	2.39%	-1.69%	4.91%	4.73%	3.77%	0.64%	1.80%	5.70%	3.17%	-0.56%	40.72%	-12.87%	53.59%
2002	2.48%	1.76%	0.46%	0.41%	0.88%	0.48%	0.39%	4.68%	0.14%	0.03%	0.69%	3.07%	16.50%	-22.81%	39.30%
2003	0.01%	-0.80%	0.46%	1.42%	-0.43%	10.47%	8.21%	-0.97%	2.83%	6.07%	-0.41%	1.58%	31.46%	26.12%	5.34%
2004	-0.61%	-4.11%	0.66%	7.47%	0.03%	-0.26%	3.30%	1.60%	1.44%	1.33%	-0.61%	-0.84%	9.38%	8.94%	0.44%
2005	0.41%	3.13%	2.29%	-0.29%	0.07%	3.32%	0.14%	1.98%	2.04%	5.43%	0.84%	-0.56%	20.30%	3.01%	17.28%
2006	1.16%	1.73%	0.29%	4.31%	0.75%	0.29%	0.69%	0.15%	0.55%	-0.59%	3.48%	1.89%	15.60%	13.74%	1.86%
2007	1.43%	2.38%	1.07%	2.00%	-0.03%	1.21%	3.42%	6.90%	0.82%	1.21%	3.78%	3.87%	31.72%	3.24%	28.48%
2008	1.32%	4.71%	1.79%	0.05%	5.57%	1.21%	0.12%	3.74%	5.37%	-1.25	0.82%	2.76%	29.27%	-38.28%	67.55%
2009	1.62%	1.48%	-4.48%	3.87%	7.93%	3.01%	-7.34%	0.53%	4.67%	0.97%	-2.12%	-1.60%	7.87%	23.49%	-15.62%
2010	1.42%	0.86%	-1.78%	2.58%	1.22%	0.71%	-0.40%	0.85%	-1.25%	-0.73%	1.33%	1.88%	6.80%	12.84%	-6.05%
2011	2.05%	1.18%	1.66%	-1.05%	-2.06%	1.29%	1.16%	-0.08%	5.46%	2.15%	2.32%	-0.21%	11.92%	-0.20%	12.12%
2012	-3.24%	2.24%	-0.32%	2.87%	-0.22%	0.74%	0.10%	-2.93%	0.25%	-1.18%	0.54%	0.02%	-1.49%	13.47%	14.97%
2013	-0.44%	1.99%	1.91%	-1.37%	-1.12%	1.03%	-2.92%	4.84%	-3.16%	1.82%	0.58%	-2.38%	0.48%	26.69%	29.21%
2014	2.97%	-2.67%	2.42%	0.06%	0.84%	-0.11%	1.39%	-0.19%	-1.18%	0.26%	1.20%	1.88%	6.94%	11.29%	-4.35%
2015	0.07%	1.90%	3.15%	-2.96%	-1.27%	0.07%	-0.37%	1.99%	1.04%	0.35%	1.88%	2.69%	4.95%	-0.81%	5.46%
2016	0.98%	3.54%	4.68%	2.95%	4.55%	0.47%	-2.01%	-2.45%	-2.58%	0.22%	4.75%		15.69%	8.26%	7.43%

図表10.6　シルバー・ウィートン

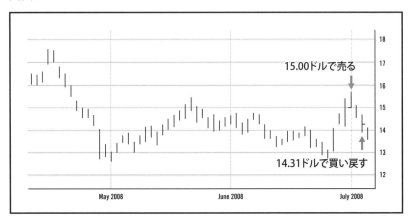

例1——シルバー・ウィートン

仕掛け価格	15.00ドルで売る
最初の損切り	17.27ドル
手仕舞い価格	14.31ドルで買い戻す

　これは非常にシンプルだ。大きな強欲が現れたので、売って、遠く
に損切りを置き、素早く利益をとらえる。見事なトレードだった。

図表10.7　AKスチール・ホールディング

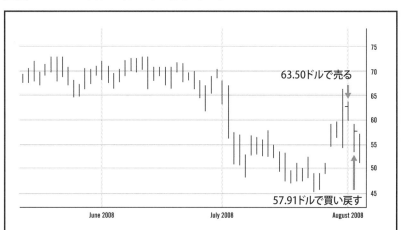

63.50ドルで売る

57.91ドルで買い戻す

June 2008 July 2008 August 2008

例２──AKスチール・ホールディング

仕掛け価格	63.50ドルで売る
最初の損切り	81.12ドル
手仕舞い価格	翌日、57.91ドルで買い戻す

　株価は１週間で45ドルから65ドルに上昇。これは強欲が現れた証拠だ。強欲が現れると同時に売って、素早く利益をとらえる。予想どおり、株価は上昇したあと一気に下落した。

図表10.8　ミリアド・ジェネティックス

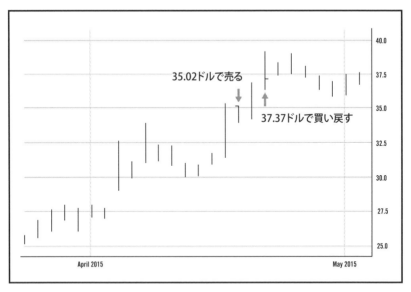

例３──ミリアド・ジェネティックス（負けトレード）

仕掛け価格	35.02ドルで売る
最初の損切り	40.05ドル
手仕舞い価格	37.37ドルで買い戻す

　これは負けトレードになったが、損切りには引っかからなかった。このトレードはタイムストップで手仕舞った。

　この場合も強欲で売ったが、強欲はピークに達していなかった。タイムストップで救われた。

図表10.9　ホワイティング・ペトロリアム

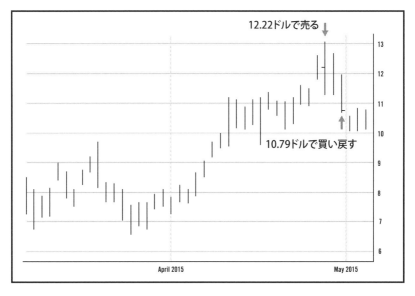

例4 ──ホワイティング・ペトロリアム

仕掛け価格	12.22ドルで売る
損切り	14.84ドル
手仕舞い価格	10.79ドルで買い戻す

これも強欲で売った例だ。強欲をうまくとらえて、利益が出た。

戦略の組み合わせによる
指数関数的マジック

Part5 — The Exponential Magic Of Combining Strategies

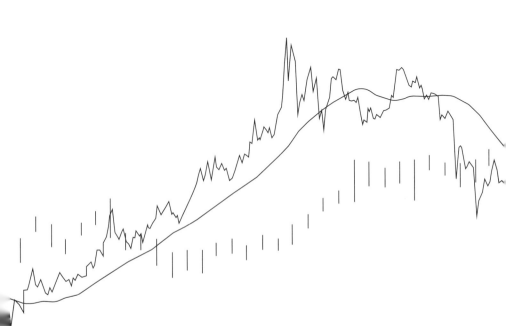

第 **11** 章

ウイークリーローテーション＋平均回帰の売り──大きなドローダウンのないトレンドフォロー

Weekly Rotation + Mean-Reversion Short – Trend Following Without Big Drawdown

　トレンドフォローは好きだけれど、トレンドフォローに必ず訪れる大きなドローダウンは嫌だという人、そんな人にこそ、この戦略はお勧めだ。

　この戦略は多くの買いポジションと短期の平均回帰戦略を組み合わせたものだ。こうすることでドローダウンを低く抑えることができる。トレンドフォローだけでやると、30％のドローダウンが出ていたが、平均回帰戦略と組み合わせることで23％に減少した。さらに、CAGR（年平均成長率）は19％から26％に上昇した。

　この戦略では2つのスタイル（トレンドフォローと平均回帰）を使って、買いと売りを組み合わせる。

　図表11.1はそれぞれの戦略を単独で使ったときの統計量と、組み合わせたときの統計量を比較したものだ。

　図表11.1を見ると分かるように、2つの戦略を組み合わせると非常にパフォーマンスが良くなっている。ウイークリーローテーションに平均回帰の売り戦略を加えることで、CAGRはおよそ7％上昇し、最大ドローダウンは7％減少した。また、最長ドローダウンは38カ月から16カ月に短縮された。見事に改善されていることが分かる。

図表11.1

戦略	CAGR	最大ドローダウン	トータルリターン	最長ドローダウン	シャープレシオ	ボラティリティ
ウイークリーローーテーション	19.61%	30%	4941%	38カ月	0.95	20.54%
平均回帰の売り	17.79%	15%	3502%	14カ月	1.55	11.50%
ウイークリーローーテンション＋平均回帰の売り	26.32%	23%	16,545%	16カ月	1.41	18.61%

図表11.2

最終残高	16,644,425.74
CAGR	26.32%
最大ドローダウン	23.6%
最長ドローダウン	15.6カ月
勝率	60.6%
ペイオフレシオ	1.1
勝った月	68.82%
R2	0.96
R3	1.32
アルサーインデックス	6.10

　この戦略はベンチマークをいとも簡単に打ち負かしている。ドローダウンの期間はウイークリーローーテーション単独のときと比べると短くなっているし、マイナス幅も少なくなっている。ただし、勝率は平均回帰戦略（第12章を参照）の買いと売りを組み合わせたときよりも低いが、これは予想できたことだ。なぜなら、トレンドフォロー戦略の勝率が低いからだ。しかし、ペイオフレシオは高くなっている。

図表11.3

1995/01/02～2016/11/23	ウイークリーローテーション＋平均回帰の売り	ベンチマーク
CAGR	26.32%	7.48%
最大ドローダウン	23.62%	56.47%
１カ月の最悪リターン	-11.38%	-16.52%
１日の最悪リターン	-7.68%	-9.84%
年次ボラティリティ	18.60%	19.31%
シャープレシオ	1.41	0.39
MARレシオ	1.11	0.13
日々のリターンのベンチマークとの相関	0.41	1.00
トータルリターン	16,545.60%	385.05%

　最も重要なのは、この戦略がベンチマークと相関が低いうえに、ベンチマークを大幅にアウトパフォームしているという点だ。

図表11.4　パフォーマンス曲線（対数目盛り）

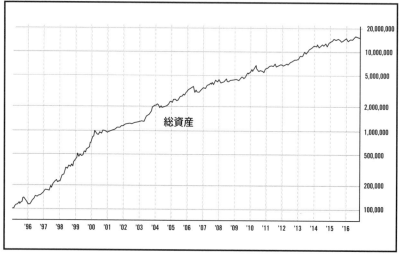

また、一方の戦略のパフォーマンスが下落しているときは、もう一方の戦略のパフォーマンスが上昇している。**図表11.4**を見れば明らかなように、2000年から2003年の弱気相場のときは、トレンドフォロー戦略では儲けがゼロだったが、この戦略全体としては利益を出し続けた。

図表11.5　パフォーマンス曲線（均等目盛り）とドローダウン

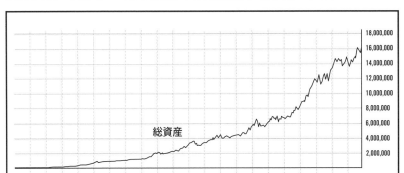

　図表11.5を見ると、大きなドローダウンがいくつか見られるが、これは長期トレンドフォロー戦略が大きな利益を上げたあとである。大きく儲けたあとでは、市場にお金を返さなければならないときが来る。これはトレンドフォローによるものである。しかし、戦略を組み合わせることで、ドローダウンはトレンドフォロー単独のときに比べると大幅に減少している。

図表11.6　システムごとの資産

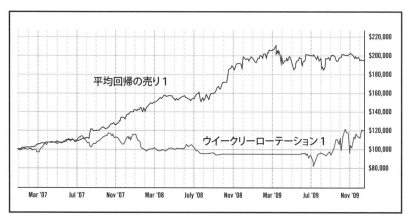

一方に儲けがないとき、もう一方が儲けている。2008年、ウイークリーローテーションは損失を出したあと、儲けがゼロになった。しかし、平均回帰戦略の売りは大金を儲けた。その後の2012年以降は平均回帰戦略の売りは儲けに貢献しなかったが、ウイークリーローテーションは大儲けした。そして2015年の初め、ウイークリーローテーションは市場にお金を返し始めたが、平均回帰戦略の売りが再び儲けを出し始めたのである。このバランスは絶妙だ。

図表11.7　ウイークリーローテーション＋平均回帰の売り

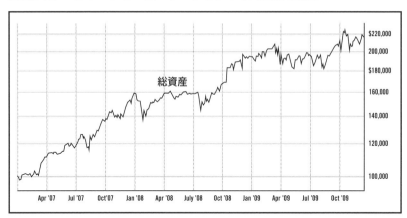

　1999年、この組み合わせ戦略のリターンは100％を超えた。予想ど
おり、そのあとは市場にお金を返した（トレンドフォローによるもの）
ものの、買いのみの戦略をトレードしたときほどではなかった。そし
て、2000年には利益を出してその年を終えた。これは素晴らしい組み
合わせだ。

　2008年はベンチマークにとっては最悪の年で、この戦略も若干のマ
イナスにはなったが、ベンチマークを大きくアウトパフォームした。

　長期トレンドフォロー戦略と短期平均回帰戦略を組み合わせること
で、強気相場でも弱気相場でも、そして横ばい相場でも利益を出すこ
とができる。市場の状態にかかわらず儲けることができる。

　この戦略は強気相場で大儲けしたい人にとっては素晴らしい戦略だ
し、弱気相場では保険が効いている。驚異的な組み合わせである。

図表11.8

	1月	2月	3月	4月	5月	6月	7月	8月	9月	10月	11月	12月	年次リターン	SPY	差分
1995	1.95%	7.43%	0.84%	2.35%	0.75%	5.36%	2.23%	5.63%	3.29%	-3.80%	-9.51%	-5.75%	9.82%	35.16%	-25.34%
1996	4.01%	4.95%	2.49%	10.60%	3.93%	1.17%	-0.40%	4.32%	0.39%	-0.36%	4.67%	0.47%	42.18%	20.31%	21.87%
1997	13.51%	-4.73%	-1.32%	3.44%	7.56%	-0.45%	14.10%	1.86%	4.95%	-4.47%	2.10%	-1.52%	38.50%	31.39%	7.11%
1998	9.46%	12.28%	2.18%	15.45%	2.45%	2.16%	5.05%	-5.59%	15.47%	-1.44%	3.30%	6.55%	88.51%	27.04%	61.46%
1999	23.63%	-9.73%	8.62%	-6.04%	2.61	7.64%	5.28%	7.49%	0.35%	4.69%	11.52%	20.65%	101.20%	19.11%	82.10%
2000	-5.52%	25.89%	-1.73%	-2.56%	-11.31%	10.15%	-1.59%	14.13%	-3.82%	-3.52%	-0.48%	0.32%	15.75%	-10.68%	26.43%
2001	-0.12%	2.82%	1.37%	-0.82%	2.60%	2.92%	2.05%	0.47%	0.99%	3.18%	1.62%	0.90%	20.60%	-12.87%	33.48%
2002	3.95%	1.19%	1.03%	0.29%	-0.75	0.35%	0.14%	2.75%	0.14%	0.37%	0.37%	1.85%	12.23%	-22.81%	35.04%
2003	0.05%	-0.53%	0.07%	7.26%	5.69%	3.34%	4.49%	7.99%	4.42%	14.41%	3.14%	-0.79%	60.93%	26.12%	34.81%
2004	3.21%	-1.86%	-3.93%	-3.40%	3.38%	1.13%	2.08%	-1.36%	2.72%	3.22%	8.58%	1.38%	15.49%	8.94%	6.55%
2005	-0.68%	5.90%	-1.25%	-5.22%	6.15%	3.27%	4.48%	5.62%	4.53%	-1.33	2.46%	1.17%	27.33%	3.01%	24.32%
2006	12.31%	-1.13%	6.49%	-0.39%	-5.82%	1.94%	-6.87%	-4.03%	-0.37%	6.64%	3.96%	1.29%	13.09%	13.74%	-0.65%
2007	1.31%	-2.79%	8.41%	2.47%	3.62%	-0.85%	3.85%	1.15%	6.29%	0.95%	-1.89%	6.40%	32.26%	3.24%	29.02%
2008	-11.38%	3.29%	-0.03%	0.32%	4.73%	2.21%	-6.55%	2.67%	2.29%	-0.68%	0.49%	1.75%	-2.06%	-38.28%	36.22%
2009	0.85%	1.04%	-3.10%	2.54%	5.00%	0.68%	-1.75%	2.46%	8.59%	-4.46%	4.81%	6.25%	24.48%	23.49%	0.99%
2010	4.94%	5.63%	4.26%	-0.69%	-6.32%	-5.40%	0.35%	0.90%	-0.36%	-1.35%	4.92%	3.03%	9.43%	12.84%	-3.41%
2011	3.39%	3.86%	5.97%	-0.17%	-0.33%	-1.37%	3.08%	-6.50%	0.22%	3.92%	2.60%	-3.44%	11.04%	-0.20%	11.24%
2012	-2.30%	4.36%	1.77%	-0.69%	1.61%	7.43%	-0.09%	1.34%	4.25%	1.67%	0.11%	1.23%	22.32%	13.47%	8.84%
2013	7.39%	-0.77%	5.96%	0.68%	5.83%	-2.14%	8.41%	0.79%	4.39%	4.09%	4.12%	-1.26%	43.70%	29.69%	14.01%
2014	-0.04%	4.84%	-5.49%	-2.03%	4.63%	4.81%	-4.19%	4.14%	0.52%	-1.84%	6.46%	1.25%	12.92%	11.29%	1.63%
2015	3.38%	5.63%	1.19%	-4.30%	5.03%	-1.93%	-0.74%	-3.35%	-0.42%	2.70%	3.38%	-0.66%	9.74%	-0.81%	10.55%
2016	-4.92%	0.71%	2.82%	-1.44%	3.30%	2.68%	5.48%	-0.57%	1.15%	-4.36%	8.58%		13.39%	8.26%	5.13%

第 12 章

平均回帰の買いと売りの組み合わせ
──低リスクで高リターン

Mean-Reversion Long And Short Combined – Low Risk, Higher Upside

　この戦略は平均回帰の買いと売りを組み合わせたものだ。この２つの戦略を同時にトレードする。結果を見ると、予想どおり、CAGR（年平均成長率）は大幅に上昇し、最大ドローダウンは大幅に減少している。つまり、リスクを下げながら、リターンを向上させることができたということである。

　一方の戦略が損失を出し始めると、もう一方の戦略が利益を出して補い合う。買いポジションが損失を出し始めると、売りポジションが利益を出して、買いの損失を補うのである。この戦略はバランスが絶妙で、それぞれの戦略を単独でトレードするときよりもパフォーマンスは飛躍的に向上する。私は可能なときは、資産の100％を使って両方の戦略をトレードする。可能なときには、資産の100％を使って両方の戦略をトレードしても構わない。なぜなら、買いも売りも同額（資産の100％）なので、基本的にマーケットニュートラルになるからだ。時には、買い建てる額と売り建てる額が異なることもある。例えば、買い建ての比率が70％で、売り建て比率が70％といった具合だ。これでも構わない。

　平均回帰の買いだけをトレードする場合、損益がまったく出ないときもある。これは資産が有効に活用されていないことを意味する。しかし、両方を同時にトレードすることで、資産を有効に活用すること

図表12.1　平均回帰の買いと売りを組み合わせた戦略

最終残高	18,692,897.21
CAGR	26.99%
最大ドローダウン	11.5%
最長ドローダウン	15.9カ月
勝率	65.2%
ペイオフレシオ	0.8
平均トレード日数	2.00
買い戦略の利益の比率	67.74%
売り戦略の利益の比率	32.26%
勝った月	80.61%
R2	0.95
R3	4.07
アルサーインデックス	2.04

ができるうえ、この２つの戦略は異なる相場つきで機能するように設計されているため、どのようなシナリオにも対応することができる。

　２つの戦略を組み合わせた戦略とベンチマークを比較してみよう。

図表12.2

1995/01/02～2016/11/23	平均回帰の買いと売りの組み合わせ	ベンチマーク
CAGR	26.99%	7.48%
最大ドローダウン	11.46%	56.47%
１カ月の最悪リターン	-6.31%	-16.52%
１日の最悪リターン	-5.79%	-9.84%
年次ボラティリティ	10.51%	19.31%
シャープレシオ	2.57	0.39
MARレシオ	2.36	0.13
日々のリターンのベンチマークとの相関	0.12	1.00
トータルリターン	18,592.90%	385.05%

　図表12.2を見ると分かるように、この戦略のMARレシオは素晴らしく高く、しかもベンチマークとの相関も低い。

　これは平均回帰戦略で、トレード日数が短期のため、多くのトレードを行う必要がある。この戦略はベンチマークを大きくアウトパフォーム（４倍以上）し、ドローダウンは５倍も低い。これぞまさに無相関の戦略を組み合わせるマジックで、努力しただけの価値はある。２つの戦略を組み合わせた戦略は、アルサーインデックスは低く、R3は高く、80％を超える月で利益を出している。

図表12.3　パフォーマンス曲線（均等目盛り）とドローダウン

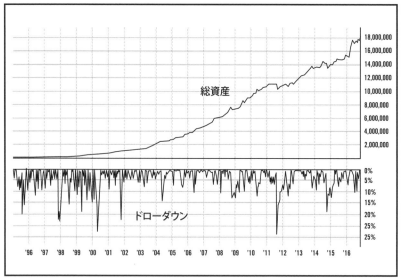

　図表12.3を見ると分かるように、ドローダウン期間は短い。ドローダウンが発生してもすぐに回復している。これはトレード頻度が高いためだ。したがって、トレード機会もたくさんある。トレードのペースが速いことが奏功している。

図表12.4　これまでの戦略とベンチマークの比較

戦略	CAGR	最大ドローダウン	トータルリターン	最長ドローダウン	シャープレシオ
SPYのバイ・アンド・ホールド（ベンチマーク）	7.48%	56%	385%	86カ月	0.39
ウイークリーローテーション（買い）	19.61%	30%	4,941%	38カ月	0.95
平均回帰の買い	21.92%	20%	7,557%	14カ月	2.18
平均回帰の売り	17.79%	15%	3,502%	14カ月	1.55
平均回帰の買いと売りの組み合わせ	26.99%	11%	18,592%	16カ月	2.57
ウイークリーローテーションと平均回帰の売り	26.32%	23%	16,545%	16カ月	1.41

　図表12.4を見てみよう。平均回帰の買い戦略の最大ドローダウンは20％だったが、平均回帰の買いと売りを組み合わせると最大ドローダウンは11％に減少している。また、買い戦略のCAGR（年平均成長率）が21％だったのに対し、組み合わせ戦略は26％になっている。

図表12.5

	1月	2月	3月	4月	5月	6月	7月	8月	9月	10月	11月	12月	年次リターン	SPY	差分
1995	0.97%	2.50%	-1.79%	-0.36%	-0.34%	0.47%	-3.64%	-0.72%	4.67%	6.70%	-1.00%	0.64%	7.94%	35.16%	-27.22%
1996	1.86%	4.01%	2.72%	8.20%	1.10%	10.28%	1.73%	2.74%	2.17%	0.21%	1.94%	1.83%	45.81%	20.31%	25.50%
1997	4.83%	2.01%	2.68%	-0.55%	4.56%	-0.96%	3.31%	4.63%	3.72%	-1.64%	1.02%	1.46%	27.81%	31.39%	-3.58%
1998	5.29%	3.72%	6.02%	11.95%	3.32%	-4.07%	2.52%	1.68%	3.82%	-0.85%	7.80%	2.55%	52.38%	27.04%	25.33%
1999	10.93%	3.09%	8.59%	2.33%	9.31%	3.78%	4.79%	2.62%	6.30%	2.10%	6.68%	-0.99%	77.71%	19.11%	58.60%
2000	8.44%	5.32%	-4.15%	-2.07%	2.42%	5.36%	8.77%	1.13%	6.15%	3.62%	-0.30%	0.81%	40.68%	-10.68%	51.36%
2001	5.87%	5.52%	3.98%	-0.71%	5.16%	4.40%	5.15%	2.93%	-3.48%	4.20%	2.96%	0.29%	42.32%	-12.87%	55.20%
2002	3.97%	-0.87%	4.90%	2.10%	1.12%	8.19%	0.48%	3.83%	0.55%	0.35%	0.68%	2.64%	31.35%	-22.81%	54.16%
2003	3.26%	0.75%	-2.08%	2.25%	2.77%	8.10%	7.44%	3.57%	1.79%	7.03%	6.89%	5.04%	57.52%	26.12%	31.40%
2004	2.72%	4.64%	1.14%	-1.01%	3.19%	0.42%	1.01%	0.33%	0.54%	4.95%	2.72%	0.56%	23.17%	8.94%	14.23%
2005	5.21%	3.01%	3.09%	2.00%	0.94%	1.83%	-2.00%	-0.01%	1.95%	8.60%	1.73%	4.43%	35.01%	3.01%	32.00%
2006	1.15%	0.25%	2.18%	5.59%	4.00%	1.83%	2.25%	0.33%	0.63%	2.20%	0.64%	0.96%	24.21%	13.74%	10.47%
2007	4.32%	0.98%	2.87%	1.96%	1.80%	0.43%	3.49%	7.51%	0.85%	2.27%	0.01%	1.80%	31.97%	3.24%	28.73%
2008	-0.89%	1.53%	1.65%	1.40%	4.28%	0.39%	7.54%	1.97%	4.78%	-5.04%	0.31%	1.06%	20.08%	-38.28%	58.36%
2009	1.03%	0.63%	-1.65%	4.07%	7.16%	2.82%	-3.40%	4.77%	5.14%	-0.72%	-0.36%	3.12%	24.45%	23.49%	0.96%
2010	-1.03%	6.52%	1.05%	2.06%	0.09%	0.82%	0.72%	2.83%	0.99%	0.20%	0.37%	2.84%	18.68%	12.84%	5.84%
2011	1.38%	0.94%	-0.68%	-0.08%	0.22%	-0.05%	0.14%	-6.31%	1.67%	1.08%	0.80%	1.45%	0.30%	-0.20%	0.50%
2012	-1.46%	3.65%	-0.55%	-2.07%	0.42%	2.00%	0.41%	-0.48%	2.04%	0.10%	2.21%	1.76%	8.15%	13.47%	-5.32%
2013	1.65%	3.09%	-0.37%	2.04%	0.21%	1.98%	1.13%	2.48%	2.15%	-2.06%	1.07%	0.02%	14.12%	29.69%	-15.57%
2014	0.56%	0.50%	-0.97%	1.28%	1.09%	2.34%	-0.16%	0.78%	-0.42%	-3.06%	0.37%	1.49%	3.76%	11.29%	-7.53%
2015	-0.47%	0.66%	3.69%	-1.06%	2.76%	-0.81%	-0.26%	0.26%	-0.19%	1.06%	0.70%	2.68%	9.25%	-0.81%	10.07%
2016	-1.26%	0.14%	9.10%	0.91%	5.18%	-1.86%	1.45%	-2.68%	3.61%	0.51%	5.67%		22.09%	8.26%	13.84%

　次に**図表12.5**を見てみよう。この戦略は1995年以降ずっと利益を上げ続けてきた。2008年の弱気相場のときでも利益を上げ、ベンチマークを58％もアウトパフォームしている。しかし、このパワフルな戦略がベンチマークに負けている年もいくつかある。

　最近のリターンを見てみると、あまり高くないが、これはボラティリティが低かったせいだ。これを見て、平均回帰はもううまくいかないと結論づける人もいるかもしれないが、それは愚かな考えだ。ボラティリティが低いときは平均回帰は高いリターンを上げることはできないことは事前に分かっている。これは私たちのトレードルールを見れば明らかだ。ボラティリティが低いときは多くのセットアップが発生しないため、短期的な利益を上げられる機会があまりないのである。

　リスク調整済みリターンも良いが、純利益は圧倒的だ。平均回帰戦略は、ボラティリティが低いときはトレード機会は少ないが、ボラティリティが上昇し始めると大きなリターンを上げることができる。

　図表12.4はこれまで紹介してきたすべての戦略とベンチマーク（S&P500のバイ・アンド・ホールド）の結果を示したものだ。

　定量化戦略はいずれも明確で安定したエッジ（優位性）を持つが、これらを組み合わせるとエッジが劇的に上昇するのは明らかだ。

　私は個人的には12の無相関の戦略を組み合わせた戦略をトレードしている。私は顧客にも自分の性格に合わせて、これらの戦略を組み合わせるように指導している。効果が立証された戦略を多く組み合わせるほど、リスク調整済みリターンは向上する。効果が立証された戦略を組み合わせるのはそれほど難しいことではなく、あとでいくらでも戦略を追加することも可能だ。戦略を自動化すれば、戦略が「多ければ多いほど楽しく」なる。戦略を追加するたびにリスクは減少し、利益は増加していくのである。

第  部

結論──経済的自由を
得るための最終ステップ

Part6 — Conclusion – The Final Steps To Financial Freedom

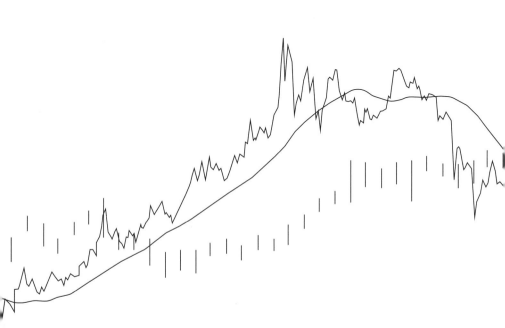

第13章

見過ごされることの多いポジションサイジング——目標を達成するために不可欠なポジションサイジング

The Missing Ingredient – Position-Sizing (To Achieve Your Objective)

　前にも述べたように、目標を達成するうえで鍵となるのがポジションサイジングである。まず重要なのは、あなたの戦略がエッジ（優位性）を持っていることである。エッジがあることが確認できたら、次に重要なのがポジションサイジングだ。これは見過ごされることが多いが、ポジションサイジングはあなたの目標に応じて、そしてあなたの快適ゾーンのなかで戦略をトレードすることを可能にしてくれるものだ。

　あなたの目標、リスク許容量、口座の評価額に左右される信用取引でトレードするかどうかによってポジションサイジングを決める方法はいろいろある。

　ポジションサイジングモデルをすべて挙げるのは本書の範囲を超えるので、ここでは利益目標とリスク許容量のみに基づいた方法を紹介する。次に示す例を見れば、ポジションサイジングがCAGR（年平均成長率）と最大ドローダウンの両方に影響を及ぼすことが分かるはずだ。この例では平均回帰の買いと売りを組み合わせた戦略を使う。この戦略は買い建て100％、売り建て100％でトレードする。

　平均回帰の買いと売りを組み合わせた戦略の結果は以下のとおりである。

●CAGR——26％
●最大ドローダウン——11％
●1回のトレードでとるリスク——2％
●最大ポジション——買いで10ポジション、売りで10ポジション
●1回のトレードにおける最大ポジションサイズ——全資産の10％

保守的なサイジングモデル

　ここで紹介するのは保守的なトレーダー向けの戦略だ。これは、平均回帰の買いと売りを組み合わせてトレードしたいが、毎日のリターンや毎月のリターンが大きく上下動したり、大きなドローダウンを出したりしたくないと思っている人向きだ。リターンの上下動やドローダウンが大きすぎれば、トレーダーは戦略に従うことはできなくなる。上記の戦略のリスク許容量を下げたバージョンは以下のとおりである。
　基本的にはサイズを半分に減らす。

●買い建てと売り建ては同じにする——買い建てと売り建ての最大ポジションはそれぞれ10ポジション
●1回のトレードでとるリスク——1％
●1回のトレードにおける最大ポジションサイズ——全資産の5％
●この戦略は買いと売りを組み合わせたものなので、買いのイクスポージャーは50％まで、売りのイクスポージャーも50％までとることができる（10ポジション×全資産の5％）

　最大ドローダウンが11.46％から5.62％に減少しているのが分かる。CAGRも低下しているが、そうなることを選んだのだから当然だ。CAGRはそれでも14.78％で、ベンチマーク（S&P500）のおよそ2倍だ。ドローダウンがベンチマークよりも10倍低いのは驚異的だ。リスクを

図表13.1　保守的なポジションサイジングの結果

1995/01/02〜2016/11/23	保守的なポジション サイジング戦略	ベンチマーク
CAGR	14.78%	7.48%
最大ドローダウン	5.62%	56.47%
１カ月の最悪リターン	-2.95%	-16.52%
１日の最悪リターン	-2.93%	-9.84%
年次ボラティリティ	5.46%	19.31%
シャープレシオ	2.71	0.39
MARレシオ	2.63	0.13
日々のリターンのベンチマークとの相関	0.08	1.00
トータルリターン	1,944.36%	385.05%

下げれば、当然ながらCAGRも低下する。

アグレッシブなサイジングモデル

　この戦略は信用取引でトレードする非常にアグレッシブなモデルだ。証券会社によってはこのポジションサイジングはできないところもあるが、私が使っている証券会社（インタラクティブ・ブローカーズ）では、12万5000ドルを超えるポートフォリオの信用取引ではこの選択肢が可能だ。

●買い建てと売り建ては同じにする——買い建てと売り建ての最大ポジションはそれぞれ10ポジション
●１回のトレードでとるリスク——３％
●１回のトレードにおける最大ポジションサイズ——全資産の15％
●この戦略は買いと売りを組み合わせたものなので、理論的には買いのイクスポージャーは150％まで、売りのイクスポージャーも150％

図表13.2　アグレッシブなポジションサイジングの結果

1995/01/02～2016/11/23	アグレッシブなポジションサイジング戦略	ベンチマーク
CAGR	39.61%	7.48%
最大ドローダウン	16.52%	56.47%
１カ月の最悪リターン	-9.83%	-16.52%
１日の最悪リターン	-9.07%	-9.84%
年次ボラティリティ	15.56%	19.31%
シャープレシオ	2.55	0.39
MARレシオ	2.14	0.13
日々のリターンのベンチマークとの相関	0.15	1.00
トータルリターン	148,670.46%	385.05%

までとることができる（10ポジション×全資産の15％）

　CAGRは年間およそ40％と非常に高い。しかし、当然ながらドローダウンも大きくなっている。ドローダウンは16.52％と高いが、ベンチマークに比べると３倍以上も低い。利益を増やそうと思ったら、とるリスクも大きくなるのは当然だ。

　しかし、私はこのポジションサイジングは勧めない。なぜなら、自分のリスク許容量を大きく見積もる人が多いからだ。この例は、異なるポジションサイジングアルゴリズムを使ったら、全体的なリターンやドローダウンにどんな影響を及ぼすかを示すために提示したにすぎない。

まとめ

　ポジションサイジングを使って目標を達成するための高度な方法はほかにもたくさんある。しかし、そういった方法は本書の範囲を超え

図表13.3　異なるポジションサイジングモデルの比較

戦略	CAGR	最大ドローダウン	トータルリターン
平均回帰の買いと売りの組み合わせ（オリジナル）	26.99%	11%	18,592%
保守的なポジションサイジング	14.78%	5.62%	1,944%
アグレッシブなポジションサイジング	39.61%	16.52%	148,670%

るのでここでは紹介しない。いろいろな選択肢があるので、そのなかから自分に合ったものを見つけるとよいだろう。

　図表13.3は、ここで紹介した異なるポジションサイジングモデルを比較したものだ。

第14章

自由に発想しよう──でも落とし穴に注意！

Turn It Loose – But Watch Out For This Pitfall

　「この戦略はすごいぞ！　でも、将来もこれと同じ結果が得られるのだろうか？」と疑問を持つ人は多い。バックテストは過去のデータに基づいた過去の結果を示しているにすぎないことを理解することは重要だ。バックテストの結果は必ずしも将来の結果を保証してくれるものではない。

　市場については1つだけ保証されていることがある。それは、市場は常に変化しているということである。市場は常に強気相場、弱気相場、横ばい相場のいずれかの状態にあり、ボラティリティもいろいろに変化する。これらの市場状態をすべてカバーし、自分の信念に基づいた戦略を持てば、必ずうまくいく。とは言っても、結果は市場状態によって大きく異なるだろう。

　私は完璧な結果は約束することはできないが、本書で述べたステップに従えば、90％のトレーダーを打ち負かすことができると約束することはできる。

　実際のドローダウンが検証した最大ドローダウンを上回るときもあるだろう。最長ドローダウンについても同じことが言える。これがトレードの現実というものだ。これは口で言うのは簡単だ。検証では、ドローダウンが15％で、回復までに10カ月かかったという結果が出た。しかし、実際のトレードで17.5％のドローダウンが出て、それが13カ

月続くと、パニックになる人が多い。最大ドローダウンが検証したド
ローダウンを上回ったのだから、自分の戦略は破綻した、と多くの人
は思うのだ。しかし、鍵となるのは「検証」という言葉である。過去
は将来を近似することができるが、バックテストは完璧なものではな
い。もちろん、人がパニックに陥ったとしても戦略そのものは悪い戦
略ではないし、破綻したわけでもない。問題は彼らの心理にある。取
引口座を見て判断力を曇らせてはならない。どんなに悪いときでも戦
略に従うことが重要なのである。

　しかし、逆のこともあり得る。ボラティリティが非常に高くて平均
回帰が最高にうまくいき、予想以上に儲かるときもあれば、ドットコ
ムバブルのようなことが起こって、ウイークリーローテーション戦略
が最高にうまくいくときもある。良いときもあれば、悪いときもある
のが相場の常だ。準備を怠らないようにすることが重要である。

　自分の戦略に一貫して従えば、長期的に見て成功することができる。

　正しいトレードのステップを忘れてはならない。

　まず、信念をはっきりさせる。あなたはトレンドフォロワーなのだ
ろうか。平均回帰を使うのだろうか。それともこれらを組み合わせて
トレードするのだろうか。まずはこれをはっきりさせることが重要だ。
次に、できるかぎり明確な目標を立てる。

　次はポジションサイズを決める。少なくとも最初は安全を期すため
にポジションサイズは決めた量の半分にするのがよい。

　トレードはビジネスと考えることが重要だ。それはあなたのお金な
のだから、真剣になれ、計画を立てよ！

　最後に、ルールに従って実行せよ。どんなに素晴らしい戦略でも、
完璧に実行しなければ、勝てる戦略も負ける戦略になってしまう。ル
ールに従え。戦略を無視するな。無視してもよいのはニュースだけだ。
過剰反応すれば、戦略は何の役にも立たなくなる。

　完璧なトレードルールと明確なエッジ（優位性）を持った素晴らし

い戦略を持っているのに、心理状態が邪魔をしてルールに従って実行できなくなってしまうという人をこれまでたくさん見てきた。彼らはニュースを見ずにいられず、外からの雑音が彼らの思考を曇らせ、コンピューターの命令を無視してしまう日がある。戦略がトレードせよと言っているのに、彼らはトレードしない。その結果、トレードをしていれば大きな利益につながったトレードを棒に振ることになる。ルールに従って一貫したトレードをするという規律がないために、偉大な戦略をダメにしてしまうのである。一貫性こそが鍵なのである。

この問題を解決するために、私はトレードの実行を専門とする会社を立ち上げた。私たちは戦略の命令どおりにトレードを実行し、あなたに毎日リポートを送る。私たちはスキルを持った集団だ。そのスキルであなたの規律と一貫性を守るのが私たちの仕事だ。

私たちの仕事には2つある。

1．あなたの希望に沿って戦略を開発する。
2．あなたが開発した戦略に基づいて、トレードを実行する（詳しくは、https://uniregistry.com/market/domain/perfectexecution.com にアクセスしてもらいたい）。

まず、自分の信念を明確にし、次に明確なルールを決め、次に戦略を自動化し、最後にそれをトレードするというステップバイステップのアプローチに従えば、科学的に立証された一貫した手法を確立することができ、生涯にわたって投資でお金を稼ぐことができるのである。感情から解放されストレスフリーな経済的自由を手にすることができるのである。

つまり、リラックスした人生を送れるということである。

あなたが失敗する唯一の理由は、自分の信念と目標とポジションサイジングを明確にしなかったからである。これはいくら強調しても強

調しすぎることはない。トレードとは、実質的にはあなたの心の問題なのである。どんなに完璧な戦略でもそれがあなたの信念に合わなければ、あなたはそれを無視してしまうため、役には立たない。

　戦略を構築するにはハードワークが必要だ。しかし、いったん構築してしまえばあとは楽だ。自分の信念、強み、目標、具体的な戦略を決め、検証を行うのにもハードワークが必要だ。しかし、これらを決め、検証を終えれば、戦略を実行するのは簡単だ。すべて自動化されるので、必要な時間は１日に30分だけ。それで経済的自由を手に入れられるのだ。あなたがやるべきことは、毎日プロセスに従い、ときどき実際の結果とバックテストの結果をチェックして、同じかどうかを確認することだ。

　しかし、ほとんどの人は最初にハードワークが必要なことを理解していない。自分に正直になり、自分の弱さを認めることができる強さを持った人はほとんどいないのが実情である。

　自分のトレードスタイル、目標、ポジションサイジングを明確にしなければ、いとも簡単に戦略を無視してしまう。これは大惨事につながる。彼らの戦略には、本書で提示したような明確なエッジがある。しかし、彼らはそれに従わないのだ。戦略が出してくるシグナルに完全に従わないのだ。また、最初の３カ月はうまくいくが、ドローダウンに見舞われると自分の戦略を疑い始める人もいる。彼らは失ったお金がどうしても頭から離れないのだ。

　こういった人は、自分の目標を明確に定めなかった人だ。戦略を開発する段階でドローダウンについて明確なプランを立てていれば、ドローダウンに影響されることはないはずだ。戦略を疑い、有効なシグナルを無視すれば、あなたの戦略は役に立たなくなる。戦略に従わず、失敗するために多大な時間と労力をかけることほど空しいことはない。戦略を開発する前に自分に正直になり、戦略を信じて従うこと──これこそが重要だ。

　かつて、こんな顧客がいた。彼は経験豊富でスキルもあるトレーダーだったが、使っていたのはファンダメンタルズアプローチだった。彼はテクニカルな自動化アプローチに変更したいと言って、私に連絡してきた。私たちは、私も使いたくなるような素晴らしい戦略を開発した。ところが半年後に連絡を取ると、彼は「うまくいってないんだ」と言った。彼は10％の損失を出していた。奇妙だった。だって、市場状態はずっと彼の戦略にとって有利になるような値動きだったのだから。私は彼にバックテストの結果を送るように言った。バックテストの結果を見ると10％の利益が出ていた。バックテストの結果と実際の結果とでは20％の開きがあった。私は彼にどうしたのかと聞いてみた。このバックテストの結果を見ると、利益が出て当然だったからだ。

　すると彼は話し始めた。最初にドローダウンに見舞われたとき、それはたかだか10％だったのだが、彼はどうしようもなく不快に感じた。それで、彼はトレードをいくつか執行しなかった。もちろん、彼が執行しなかったトレードは利益を出していた。彼はその利益を取り損ねたのだ。それでわずか半年後には10％の利益どころか10％の損失になってしまったというわけである。彼は戦略を開発する前に自分のリスク許容量について決めるとき正直ではなかったため、戦略を信じられなくなったのである。ポジションサイジングも自分に合ったものではなかったため、ドローダウンを喫したら、対応できなくなっていた。それで戦略を疑い始めたのである。

　彼は今ではこの問題を克服した。しかし、それは私が手伝って目標を見直させたからだ。私たちは戦略そのものは素晴らしいものだったので変えなかった。彼が戦略をどんな状況でもリラックスしてトレードできるように目標は見直す必要があった。ポジションサイジングも彼のリスク特性に合うように変更した。今では彼は自分の戦略に忠実に従い、戦略が出してくるすべてのトレードを実行している。

　今ではすべてがうまくいき、彼は変動の少ない2桁の年次リターン

を常に上げている。戦略に忠実に従うことができるようになり、彼は
素晴らしい人生を送っている。

　ところで、これは他人のお金を管理した経験から得た話だが、人は
耐えられると言ったドローダウンに耐えられないことが多い。私が顧
客のためにトレードするときには、彼らの本当のリスク許容量を理解
するように特に注意している。人によっては、私はボラティリティの
低い戦略しか使わないこともある。なぜなら、彼らのリスク許容量の
範囲内にいることが重要だからだ。お金のことを心配するあまり私に
電話してきて、一時的なドローダウンでパニックになって欲しくない。
私の目標など問題ではない。おそらくは、違った戦略やもっとアグレ
ッシブなポジションサイジングのほうが利益は大きくなるのだろうが、
それで顧客が精神的に混乱を来せば元も子もない。それではリスクが
大きすぎる。重要なのは顧客の目標であり、彼らが本当に耐えられる
リスク許容量なのである。

　顧客が初めてポジションサイズを決めるときは、考えている数値の
半分に設定し、様子を見るように言う。戦略のバックテストの結果を
見ると、資産曲線は左下から右肩上がりに上昇している。あなたは長
期にわたって利益を出しているように感じる。これは非常に気持ちの
良いものだ。しかし、実際のトレードで資産曲線が突然下落したとき
のあなたの気持ちはバックテストの資産曲線を見ているときとはまっ
たく違う。退職後の貯金がそぎ落とされてしまったのだから。現在の
明確な心理状態で対応できるとあなたが思っているポジションサイズ
の数字は、半分にせよ。そこからスタートすることだ。変更はあとで
いくらでもできるのだから。

　これは生涯にわたる戦略だ。だから、ゆっくり進めよう。20％のド
ローダウンなんてへっちゃらだと思ったら、許容するドローダウンが
10％のアルゴリズムから始めよう。そのほうがはるかに快適だ。ト
レードの最中に自分の感情を客観的に観察できるようになり、それが一

定期間続き、一定のドローダウンには対処できることが分かったら、ドローダウンの数値を少しずつ上げていけばよい。こうしたトレード方法を続けていけば、やがてはそれで身を立てることができるようになる。利益を今すぐに最大にすることが重要なのではない。最初の半年は利益など出ない。最初の半年は、自分の戦略に従って生涯にわたる経済的自由を手に入れるための能力、スキル、快適さを身につけるための期間と考えるのが良いだろう。

　あなたの信念は実際の経験に根差したものでなければならない。20％のドローダウンに耐えられると言った場合、それはどういった経験に基づくものなのだろうか。だれも状況はそれぞれに異なる。貯金しかなく、そのほかの収入はないのか。それとも、10万ドルのトレード資金に加え月２万5000ドルの収入があるのか。月々の収入がそれだけあれば、リスク許容量を大きくすることができる。大きなリスクをとってもまだ余裕がある。しかし、そうではなくて、あなたの年金がリスク許容量で変わってしまうのであれば、最大ドローダウンを決めるときにはじっくり考えて、自分に正直になって決めたほうがよい。すべてあなた次第だ。あなたはどういったことを望むのか。あなたの目標は何なのか。あなたのリスク許容量はどのくらいか。これらはすべて人それぞれに異なる。

　私の顧客に元フロアトレーダーだった人がいる。彼は17年の経験を持つベテランだが、市場が電子取引に移行したためもうフロアではトレードできない。彼は別のアプローチを模索するために、私に連絡してきた。彼は目標について延々と話をした。「私は25％のドローダウンになら耐えられる」と言った。「本当に？　その根拠は？」と私は聞いた。この17年間の間、そんなことは何度も経験した、と彼は言った。彼はドローダウンが発生したときどんな気持ちがするのかよく知っていたし、それには耐えられることも確かだった。私は彼を信じた。なぜなら、彼には経験があったからだ。初心者がそんなことを言って

きたら、私はすぐに疑うだろう。ほとんどの人は資産の4分の1を失うことがどんなことなのか分かっていない。普通は動揺して感情的になる。あなたはこうしたことを考慮する必要がある。これを忘れば確実に失敗する。自分は賢明でお金を稼ぐことができると信じることも大事だが、自分の弱さを認めることも大切だ。

　顧客とドローダウンの話をするとき、私は彼らに口座残高を想像させ、ドローダウンを被ったときどんな感情を抱くかをシミュレートさせる。当初資産と、失った額を頭に思い描かせるのだ。当初資産が50万ドルで、あなたは25％のドローダウンに耐えられると言ったとすると、それは金額で言えば12万5000ドルだ。そのお金がなくなるのだ。あなたは取引報告書を毎日見る。そこにはもう50万ドルはない。あるのは37万5000ドルだ。あなたはどんな気持ちになるだろうか。8カ月後に口座残高が依然として40万ドルを下回っていたら、どんな気持ちがするだろうか。8カ月間トレードしてきて、10万ドル失ったとしたら、あなたはどんな思いにとらわれるだろうか。それでも戦略に従い続けることができるだろうか。ドローダウンをパーセンテージから実際のお金に換算して、それを想像すれば、あなたが資産のどのくらいの比率のドローダウンに本当に耐えられるかははっきりするだろうし、あなたの感情がどのように変化するかも分かるはずだ。実際の経験に代わるものはないが、ドローダウンを実際の金額に換算してみることはよい出発点になるだろう。

　私の顧客はお金を儲けたときよりも、お金を失ったときに最も重要な教訓を学ぶ。なぜなら、私たち人間にはリスク回避というバイアスが元々あるからだ。5万ドル儲ければ、うぬぼれのスイッチが入り、自分はなんて天才なのだろう、と思ってしまう。しかし、あなたは大事なことを忘れている。自分自身を観察することである。あなたはただ気分が良いだけだ。しかし、5万ドルの損失を出すと、それは心に強く残る。あなたは不安を感じ、すべてを疑い始める。なぜ私の戦略

では儲けることができないのだろう。なぜ私の戦略は儲けさせてくれないのだ。あなたは自分の目標を見直し、再分析し始める。目標は正しく設定しただろうか。

　あなたは不快感を感じ始める。幸運なことに、その不快感はその戦略が本当にあなたに合っているかどうかを教えてくれる。あなたは買いと売りを同時にトレードすることに心地良さを感じているのか、それともトレンドフォロー戦略や平均回帰戦略を単独でトレードするほうが快適なのだろうか。こうしたことは実際にお金を失ってみて、初めて分かることなのである。戦略が自分に合っているかどうかは、最悪のときにその戦略に対して感情的な反応を経験しなければ知ることはできない。その戦略は自分が生涯従うことができる戦略なのかどうかを見極めることが重要だ。

　5万ドルの利益が出ると、自分はなんて偉大なんだろうと思い、何を買おうかとか、もっとお金を貯めて早期に引退するにはどうすればよいだろうかと考える。でも、あなたは自分のトレードを分析することなく、うぬぼれを膨張させているにすぎない。

　あなたの戦略がうまくいって、あなたに経済的自由を与えてくれるのは、あなたの目的と信念を明確にし、実際の経験に基づいて検証したときのみである。これはいくら言っても言いすぎることはない。避けて通ることのできない最大ドローダウンを経験しているときに、自分の戦略を信じて指示に従うことができるかどうかを知る必要があるのである。

　すぐに興奮を味わいたいために株式をトレードする人は多い。彼らは興奮を好む性格で、トレードは完璧な趣味だと思っている。でも、これは大きな過ちだ。戦略がうまくいって興奮しているとき、あなたのリスク管理はおろそかになっている。勝ちトレードで興奮するのは、儲けたお金に執着しすぎていることを意味する。遅かれ早かれドローダウンは必ずやってくる。そのときあなたはドローダウンに耐えるこ

とはできないだろう。

　トレードで利益を出して成功するためには、結果重視のアプローチではなくて、プロセス重視のアプローチを取る必要がある。プロセス重視のアプローチには興奮はなく、非常に退屈だ。しかし、良いトレードというものは退屈なものだ。なぜなら、目標は効果の立証されたプロセスを実行することだけだからだ。市場に興奮を求めてはならない。そうすれば必ず失敗する。トレードは退屈でもよいのだ。興奮は人生のほかの部分で見つければよい。愛、旅行、冒険。あなたが楽しめるもので興奮を見つければよい。

　トレードは長い目で見ることが重要だ。効果が立証された戦略といえども、ドローダウンは必ず発生する。ほとんどの時間帯がドローダウン期間だと言っても言いすぎではない。S&P500は7年連続でドローダウンを記録したことがある。7年はあまりに長すぎる。しかし、あなたの戦略も儲けられない期間が1年以上続くことがあるだろう。これもトレードの一部だ。期間には何の意味もないのだ。それは会社を経営したり、不動産に投資したりするのと同じだ。会社は何カ月も赤字を出し続けることもあるだろうし、住宅市場が良くないときもあるだろう。トレードもこれとまったく同じだ。結果は10年スパンで見る必要がある。10年でどんな成果を出すことができるかを考えるのだ。たかだか3カ月では結果は出ない。トレードは短期で利益が出せるようなものではない。短期で利益を出そうと思ったらすぐに廃業する羽目になるだろう。短期で莫大な利益を稼ぐことができる幸運な人はいる。彼らは自慢するが、最終的には破産し、消息を絶つだろう。

　このプロセス重視の長期アプローチでは、雑音を遮断し、あなたの生きたい人生を生きることが重要だ。メディアが何を買えと言っても無視し、新聞が何を言っても無視する。だれもが金は上昇しているとか、下落していると言ってもあなたには何の役にも立たない。重要なことはただ1つ——プライスアクションに従って自分の戦略をトレー

ドすることだけだ。予測はしてはならない。すべての雑音は無視しな
ければならない。

　私の顧客の１人に競合他社との競争が激しい企業にいて、多忙な毎
日を送っているエグゼクティブがいる。給料は高く、巨額の資産を持
っている。私は個人的に４日間彼の相談に乗った。そして、私たちは
彼の信念と目標に基づいて７つの戦略からなる素晴らしい戦略を開発
した。彼はその戦略を使って７カ月トレードした。2016年１月には市
場は大きく下落したが、彼は23％の利益を上げた。今年は30万ドルを
超える利益を上げ、指数を大幅にアウトパフォームしている。これは
なぜかというと、彼は自分の戦略をルールに従って厳密に実行してい
るからである。

　彼が大成功したのはロボットのように戦略に従ったからである。彼
は忙しい仕事に集中し、人生を謳歌している。旅行もよくする。１日
に30分だけ何も疑わずに注文を入れ、あとはエキサイティングな生活
を楽しんでいる。そのため、2016年１月のドローダウンは彼に何の影
響も及ぼさなかった。今、彼の資産は大きく増えている。彼はロボッ
ト戦略の価値をよく理解している。彼が成功を手にすることができた
のは、事前のハードワークは生涯使えるツールを与えてくれることを
よく理解していたからだ。

　彼はとても忙しいので、１日30分のトレードを午前10時に行うこと
も多い。戦略を開発するとき、若干の譲歩が必要だった。仕事のあと
の彼の消耗度を考えた結果、私たちは２〜３のトレードだけを行えば
いいような戦略を開発した。午前10時に40のトレードを発注するのは
現実的に無理だ。だから、潜在的なリターンは若干犠牲にした。利益
を最大化するよりも、彼が戦略に従うことのほうが重要だった。それ
でも非常にうまくいっている。彼はこれからも確実に戦略に従い続け
るだろう。

　経済的自由を与えてくれる戦略を手にした今、あなたはあなたを惑

わす雑音を無視して、自分の生きたい人生を生きることができる。市場に興奮を求める必要はない。興奮はほかで求めればよい。朝起きて海で泳いだり、子供を学校に送っていったり、妻とベッドで過ごしたり、スキー、ハイキング、スカイダイビングをやったり、あなたにとってエキサイティングなことは何でもできるのだから。本書で紹介した戦略は、バックテストだけでなく、私や私の顧客の実際の経験によっても実証されたものだ。

　本書の戦略はずば抜けて素晴らしいものだが、あなた向けには最適化されてはいない。最良の結果を求めてトレードに真剣に取り組みたいのなら、 https://tradingmasteryschool.com/ のサイトを訪れてみてほしい。このサイトではあなたの戦略をステップバイステップで開発するお手伝いをする。プログラムにはビデオコースから人気のあるエリート・メンタリング・プログラムまでいろいろそろっている。エリート・メンタリング・プログラムでは高いスキルを持ってトレードに真剣に取り組んでいる人々と一緒に取り組むことができる。

　バックテストの結果と実際のトレード結果が同じなら、それは科学的に立証されたトレードということができる。これはあなたが太刀打ちできないような派手なコンピューターを使った高頻度トレードではなく、何十年にもわたってうまくいってきた効果が立証されたトレードだ。私が言ったとおりにやれば、この先も永遠にうまくいき続けるだろう。ハードワークをいとわず、自分自身に正直になり、戦略を信じて、自由を謳歌してほしい。

第 15 章

次のステップ

The Next Step

　最後のステップは最も重要だ。つまり、行動を起こすということである。

　成功するための鍵は、この情報をフルに活用し、あなたの好みに基づいて、その情報をあなたのトレードに適用することである。

　あなたが次なるレベル——経済的自由——を達成できるように、あなたが学んだことをあなたのトレードに実装する最良の方法は、私のトレーディング・マスタリー・スクールのエリート・メンタリング・プログラムに参加することである。

　このプログラムに参加すれば、トレードに超真剣に取り組むトレーダーたちとともに、あなたの性格、ライフスタイル、リスク許容量に完璧に合った、あなた独自の無相関トレード戦略パッケージを開発することができる。私たちがステップバイステップであなたを指導する。卒業するときにはあなたは生涯にわたって使える完璧な戦略を手にすることができているだろう。

　あなたの好みがデイトレードであろうと、スイングトレードであろうと、あるいはトレンドフォローであろうと、それらの組み合わせであろうと、あなたにとって最良の解決法をともに見つけていこうではないか。

　このプログラムに参加すれば、私たちのトレーディング・マスタリ

ー・スクールのエリートソフトウェアを手に入れることができる。このソフトウェアは私が自分の戦略を開発するのに使っているもので、エリート・メンタリングの受講者だけが手に入れることのできるソフトウェアだ。

　詳しくは、https://go.tradingmasteryschool.com/elite-mentoring-program にアクセスしてもらいたい。

著者について紹介

ローレンス・ベンスドープ（Laurens Bensdorp）は、トレーディング・マスタリー・スクールの創始者でありCEO（最高経営責任者）でもある。

若いときは、世界中を旅しながら急流下りガイドの指導に携わった。訓練を通して、受講者たちにガイドスキルと一般的能力を身につけさせるとともに、不測の事態に備えたプランを開発した。ベンスドープの訓練は引く手あまたで、これまでドイツ、オーストリア、トルコ、イスラエル、ドミニカ、コスタリカ、チリで受講者たちを指導してきた。

1998年、ベンスドープはメキシコでアドベンチャー旅行会社を設立し、2000年にはその会社を売却した。

2000年、オランダの小規模な投資会社で投資マネジャーとして働き始める。彼の金融分野でのキャリアはこうして始まった。投資マネジャーとして働くうちに、自分が本当に情熱を傾けられるものはトレードと市場を打ち負かすことであることに気づいた。やがて彼は会社の投資運用をすべて任せられるようになった。彼が最も重視したのはリスク特性を低減させることだった。ここで働くことは彼にとっては素晴らしい学習体験だったが、彼は組織で働くことになじめなかった。

それからは彼は働いていないときはトレードとリスク管理の独学に熱中した。何年もかけて独学することで、彼は自分の性格、ライフスタイル、信念に合うトレードスタイルを見いだすに至った。

そして次の10年は、利益を最大化し、リスクを限定し、管理時間を実質的にゼロにするために、アルゴリズムに基づく自動化トレードプラットフォームの開発に費やした。2006年からは彼の家族の口座を運用し、莫大な利益を上げている。

彼はバン・タープの『トレードコーチとメンタルクリニック──無理をしない自分だけの成功ルール』（パンローリング）のなかに登場する。そのなかで彼はどのようにして負けるトレーダーから勝つトレーダーになったかを説明している。

トレード以外では、家族と一緒に時間を過ごしたり、旅行をしたり、ワインのコレクション、スキー、ビーチの長距離散歩などを楽しんでいる。

彼は妻のマデリンと「ファンダシオン・アルベンコ」を設立し、コロンビアの恵まれない子供たちに奨学金を提供している。

自分のソフトウェアとインターネット接続さえあればどこででもトレードできる彼は、これまで11カ国に住み、5つの言語を話すことができる。今は家族とスペイン南部に在住している。

現在、彼は妻のマデリンと、コロンビアの高校生が奨学金を取得するのを助けるための事業団であるハッピー・コロンビア財団を立ち上げ、支援している。

読者へのプレゼント

　本書を読んでくれた感謝のしるしとして、読者の方には無料ビデオコースをプレゼントする。このコースでは各戦略の設定とパラメーターについて掘り下げて説明する。また、チャートや統計量についても詳しく説明する。

　無料のビデオコースについては、https://tradingmasteryschool.com/book-offerにアクセスしてもらいたい。

■監修者紹介
長岡半太郎（ながおか・はんたろう）
放送大学教養学部卒。放送大学大学院文化科学研究科（情報学）修了・修士（学術）。日米の銀行、CTA、ヘッジファンドなどを経て、現在は中堅運用会社勤務。全国通訳案内士、認定心理士、2級ファイナンシャル・プランニング技能士（FP）。『バフェットとマンガーによる株主総会実況中継』『ルール』『不動産王』『バフェットからの手紙【第5版】』『その後のとなりの億万長者』『IPOトレード入門』『ウォール・ストリート・ストーリーズ』『システム検証DIYプロジェクト』『株式投資　完全入門』『知られざるマーケットの魔術師』『強気でも弱気でも横ばいでも機能する高リターン・低ドローダウン戦略』『パーフェクト証券分析』『トレードで成功するための「聖杯」はポジションサイズ』など、多数。

■訳者紹介
山下恵美子（やました・えみこ）
電気通信大学・電子工学科卒。エレクトロニクス専門商社で社内翻訳スタッフとして勤務したあと、現在はフリーランスで特許翻訳、ノンフィクションを中心に翻訳活動を展開中。主な訳書に『ラリー・ウィリアムズの短期売買法【第2版】』『損切りか保有かを決める最大逆行幅入門』『株式超短期売買法』『プライスアクションとローソク足の法則』『トレードシステムはどう作ればよいのか　1　2』『トレードコーチとメンタルクリニック』『トレードシステムの法則』『トレンドフォロー白書』『スーパーストック発掘法』『出来高・価格分析の完全ガイド』『アルゴリズムトレードの道具箱』『ウォール街のモメンタムウォーカー【個別銘柄編】』『プライスアクション短期売買法』『新訳　バブルの歴史』『トレンドフォロー大全』『アセットアロケーションの最適化』『フルタイムトレーダー完全マニュアル【第3版】』『アルゴトレードの入門から実践へ』『指数先物の高勝率短期売買』『出来高・価格分析の実践チャート入門』『イェール大学流資産形成術』『システム検証DIYプロジェクト』『強気でも弱気でも横ばいでも機能する高リターン・低ドローダウン戦略』（以上、パンローリング）のほか多数、『FORBEGINNERSシリーズ90　数学』（現代書館）、『ゲーム開発のための数学・物理学入門』（ソフトバンク・パブリッシング）がある。

2021年11月3日　初版第1刷発行

ウィザードブックシリーズ ㉛㉑

１日わずか30分間の作業ですむ株式自動売買戦略
──経済的自由をストレスフリーで手に入れる方法

著　者	ローレンス・ベンスドープ
監修者	長岡半太郎
訳　者	山下恵美子
発行者	後藤康徳
発行所	パンローリング株式会社
	〒160-0023　東京都新宿区西新宿7-9-18　6階
	TEL 03-5386-7391　FAX 03-5386-7393
	http://www.panrolling.com/
	E-mail info@panrolling.com
編　集	エフ・ジー・アイ（Factory of Gnomic Three Monkeys Investment）
装　丁	パンローリング装丁室
組　版	パンローリング制作室
印刷・製本	株式会社シナノ

ISBN978-4-7759-7290-8

トム・バッソ

トレンドスタット・キャピタル・マネジメントの株式と先物の元トレーダー。1980年から株式の運用を始めて年平均16%、1987年から先物の運用し始めて年平均20%の実績を残す。『新マーケットの魔術師』で取り上げられ、どんな事態でも冷静沈着に対応する精神を持つ「トレーダーのかがみ」として尊敬を集めた。

ウィザードブックシリーズ 320

トレードで成功するための「聖杯」はポジションサイズ

定価 本体1,800円+税　ISBN:9784775972892

資金を安全に最速で増やしたいトレーダーにとっての必読書

マーケットウィザードの1人であるバッソが株式や先物やFXや投資信託で約6億ドルもの資金を運用していたトレンドスタット・キャピタル時代に開発し、実際に使っていたポジション管理とポートフォリオ管理の方法を、一切隠すことなく明らかにしているのが本書である。

ウィザードブックシリーズ 176

トム・バッソの禅トレード

定価 本体1,800円+税　ISBN:9784775971437

投資で成功する心構えと方法とは

資産運用ビジネスをしていて良かった。そう感じることが何度もある。このような本を執筆できるのもそのひとつだ。他人の資産を運用し始めてかれこれ一七年になるが、今でも多くの人が自分の資金をうまく管理運用できていないことに驚いている。わたしは投資のことで試行錯誤を続けている多くの人と出会った。資産運用業界に対しては手厳しい人が多いが、なかにはもっともな理由がある場合もあるが、そのほかの人は単に知識がないだけであり、資産運用という問題にどう対処したらよいのか分からないようだ。——はじめに (トム・バッソ)

バン・K・タープ博士

コンサルタントやトレーディングコーチとして国際的に知られ、バン・タープ・インスティチュートの創始者兼社長でもある。これまでトレーディングや投資関連の数々のベストセラーを世に送り出してきた。講演者としても引っ張りだこで、トレーディング会社や個人を対象にしたワークショップを世界中で開催している。またフォーブス、バロンズ、マーケットウイーク、インベスターズ・ビジネス・デイリーなどに多くの記事を寄稿している。

ジャック・D・シュワッガー

現在は、FundSeeder.comの共同設立者兼最高リサーチ責任者として、まだ知られていない有能なトレーダーを世界中から見つけることに注力している。著書には『マーケットの魔術師』シリーズ5冊（『マーケットの魔術師』『新マーケットの魔術師』『マーケットの魔術師【株式編】』『続マーケットの魔術師』『知られざるマーケットの魔術師』）などがある。

ウィザードブックシリーズ 19
マーケットの魔術師
米トップトレーダーが語る成功の秘訣

定価 本体2,800円+税　ISBN:9784939103407

トレード界の「ドリームチーム」が勢ぞろい

世界中から絶賛されたあの名著が新装版で復刻！
投資を極めたウィザードたちの珠玉のインタビュー集！
今や伝説となった、リチャード・デニス、トム・ボールドウィン、マイケル・マーカス、ブルース・コフナー、ウィリアム・オニール、ポール・チューダー・ジョーンズ、エド・スィコータ、ジム・ロジャーズ、マーティン・シュワルツなど。

ウィザードブックシリーズ 315

知られざる
マーケットの魔術師
驚異の成績を上げる無名トレーダーたちの素顔と成功の秘密

定価 本体2,800円+税　ISBN:9784775972847

30年にわたって人気を博してきた
『マーケットの魔術師』シリーズの第5弾！

本書は自己資金を運用する個人トレーダーに焦点を当てている。まったく知られていない存在にもかかわらず、彼らはプロの一流のマネーマネジャーに匹敵するパフォーマンスを残している！

ウィザードブックシリーズ 13

新マーケットの魔術師

定価 本体2,800円+税　ISBN:9784939103346

知られざる"ソロス級トレーダー"たちが、率直に公開する成功へのノウハウとその秘訣

投資で成功するにはどうすればいいのかを中心に構成されている世界のトップ・トレーダーたちのインタビュー集。17人のスーパー・トレーダーたちが洞察に富んだ示唆で、あなたの投資の手助けをしてくれることであろう。

ウィザードブックシリーズ 66

シュワッガーのテクニカル分析
初心者にも分かる実践チャート入門

定価 本体2,900円+税　ISBN:9784775970270

シュワッガーが、これから投資を始める人や投資手法を立て直したい人のために書き下ろした実践チャート入門。
チャート・パターンの見方、テクニカル指数の計算法から読み方、自分だけのトレーデング・システムの構築方法、ソフトウェアの購入基準、さらに投資家の心理まで、投資に必要なすべてを網羅した1冊。

ウィザードブックシリーズ 208

シュワッガーのマーケット教室
なぜ人はダーツを投げるサルに投資の成績で勝てないのか

定価 本体2,800円+税　ISBN:9784775971758

一般投資家は「マーケットの常識」を信じて多くの間違いを犯す

シュワッガーは単に幻想を打ち砕くだけでなく、非常に多くの仕事をしている。伝統的投資から代替投資まで、現実の投資における洞察や手引きについて、彼は再考を迫る。本書はあらゆるレベルの投資家やトレーダーにとって、現実の市場で欠かせない知恵や投資手法の貴重な情報源となるであろう。

ベンジャミン・グレアム

1894/05/08 ロンドン生まれ。1914 年アメリカ・コロンビア大学卒。ニューバーガー・ローブ社（ニューヨークの証券会社）に入社、1923-56 年グレアム・ノーマン・コーポレーション社長、1956年以来カリフォルニア大学教授、ニューヨーク金融協会理事、証券アナリストセミナー評議員を歴任する。バリュー投資理論の考案者であり、おそらく過去最大の影響力を誇る投資家である。

ウィザードブックシリーズ 10

賢明なる投資家
割安株の見つけ方と
バリュー投資を成功させる方法

電子書籍版あり　オーディオブックあり

定価 本体3,800円＋税　ISBN:9784939103292

市場低迷の時期こそ、
威力を発揮する「バリュー投資のバイブル」

ウォーレン・バフェットが師と仰ぎ、尊敬したベンジャミン・グレアムが残した「バリュー投資」の最高傑作！ だれも気づいていない将来伸びる「魅力のない二流企業株」や「割安株」の見つけ方を伝授。

ウォーレン・バフェット

アメリカ合衆国の著名な投資家、経営者。世界最大の投資持株会社であるバークシャー・ハサウェイの筆頭株主であり、同社の会長兼CEOを務める。金融街ではなく地元オマハを中心とした生活を送っている為、敬愛の念を込めて「オマハの賢人」(Oracle of Omaha) とも呼ばれる。

ウィザードブックシリーズ307
バフェットからの手紙[第5版]
世界一の投資家が見た
これから伸びる会社、滅びる会社

定価 本体2,200円+税　ISBN:9784775972786

バフェット自身の声でバフェットがわかる
唯一の本

バフェットとローレンス・カニンガム教授との歴史的な出会いによって生まれた、ウォーレン・バフェットとチャーリー・マンガーとバークシャー・ハサウェイ社の哲学の集大成！

ウィザードブックシリーズ116
麗しのバフェット銘柄
下降相場を利用する
選別的逆張り投資法の極意

定価 本体1,800円+税　ISBN:9784775970829

投資家ナンバー1になった
バフェットの芸術的な選別的逆張り投資法とは

ビル・ゲイツと並ぶ世界的な株長者となったバフェットの選別的な逆張り投資法とは、下降相場を徹底的に利用したバリュー投資であり、本書ではそれを具体的に詳しく解説。

マーク・ミネルヴィニ

ウォール街で30年の経験を持つ伝説的トレーダー。数千ドルから投資を始め、口座残高を数百万ドルにした。1997年、25万ドルの自己資金でUSインベスティング・チャンピオンシップに参加、155%のリターンを上げ優勝。自らはSEPAトレード戦略を使って、5年間で年平均220%のリターンを上げ、その間に損失を出したのはわずか1四半期だけだった。

ウィザードブックシリーズ213

ミネルヴィニの成長株投資法
高い先導株を買い、より高値で売り抜けろ

定価 本体2,800円+税　ISBN:9784775971802

高い銘柄こそ次の急成長株!

一貫して3桁のリターンを得るために、どうやって正確な買い場を選び、仕掛け、そして資金を守るかについて、詳しく分かりやすい言葉で説明。
株取引の初心者にも、経験豊かなプロにも、並外れたパフォーマンスを達成する方法が本書を読めば分かるだろう!

ウィザードブックシリーズ240

成長株投資の神

定価 本体2,800円+税　ISBN:9784775972090

4人のマーケット魔術師たちが明かす戦略と資金管理と心理 これであなたの疑問は解決!

実際にトレードを行っているあらゆるレベルの人たちから寄せられた、あらゆる角度からの130の質問に、アメリカ最高のモメンタム投資家4人が隠すことなく赤裸々に四者四様に答える! 今までだれにも聞けなかったけれどぜひ聞いてみたかったこと、今さら聞けないと思っていたこと、どうしても分からなかったことなど、基本的な質問から高度な疑問までを、あらゆるレベル投資家にやさしく分かりやすい言葉で答えてくれている!

マーク・ダグラス

シカゴのトレーダー育成機関であるトレーディング・ビヘイビアー・ダイナミクス社の社長だった。自らの苦いトレード経験と多くのトレーダーの話や経験から、トレードで成功できない原因とその克服策を提案している相場心理学のパイオニアだった。ダグラスの著書は投資業界の古典として、またウォートン・ビジネス・スクールはじめアメリカの多くの大学院で今も使われている。2015年没（享年67歳）。

ウィザードブックシリーズ 252

ゾーン 最終章
トレーダーで成功するための
マーク・ダグラスからの最後のアドバイス

定価 本体2,800円+税　ISBN:9784775972168

トレード心理学の大家の集大成！

1980年代、トレード心理学は未知の分野であった。創始者の一人であるマーク・ダグラスは当時から、この分野に多くのトレーダーを導いてきた。本書を読めば、着実に利益を増やしていくために何をすべきか、どういう考え方をすべきかについて、すべての人の迷いを消し去ってくれるだろう。

ウィザードブックシリーズ 32

ゾーン 勝つ相場心理学入門

定価 本体2,800円+税　ISBN:9784939103575

「ゾーン」に達した者が勝つ投資家になる！
恐怖心ゼロ、悩みゼロで、結果は気にせず、淡々と直感的に行動し、反応し、ただその瞬間に「するだけ」の境地…すなわちそれが「ゾーン」である。
「ゾーン」へたどり着く方法とは？
約20年間にわたって、多くのトレーダーたちが自信、規律、そして一貫性を習得するために、必要で、勝つ姿勢を教授し、育成支援してきた著者が究極の相場心理を伝授する！

ウィザードブックシリーズ 114
規律とトレーダー
定価 本体2,800円+税　ISBN:9784775970805

トレーディングは心の問題であると悟った投資家・トレーダーたち、必携の書籍！

ウィザードブックシリーズ 316

強気でも弱気でも横ばいでも機能する
高リターン・低ドローダウン戦略

ローレンス・ベンスドープ【著】

定価 本体2,800円＋税　ISBN:9784775972854

システムトレードを目指す個人トレーダーの福音書！

無相関の複数のシステムを開発し、自分だけに合うように構築する方法を詳しく説明している。過去の値動きから統計的なエッジ（優位性）を見いだし、自動化されたシステムを組み合わせることで、どんな相場つきでも非常に低いドローダウンと2桁の高いリターンを実現するというものだ。彼のアプローチをものにし、理解すれば、初心者のトレーダーでも過剰なリスクをとることなく、高いリターンを上げることができるだろう。

ウィザードブックシリーズ 312

システム検証DIYプロジェクト
トレンドフォローシステムを毎日修正・更新する

ジョージ・プルート【著】

定価 本体5,800円+税　ISBN:9784775972816

プログラミング初心者に贈る入門バイブル！

ジョージ・プルートがPythonで書いたTradingSimula18バックテスターを使って、システムを記述、プログラミング、検証する。TradingSimula18はポートフォリオに含まれる各銘柄を毎日ループして、バックテストの最中にアロケーションを変更することができるのが特徴だ。セクター分析や銘柄やセクターのオン・オフなど、多岐にわたるトピックが満載である。プログラミングと検証を始めるのに必要なものはすべて本書に含まれている。30もの銘柄の15年にわたる先物のつなぎ足データもプルートが正しく修正したものが含まれている。また、すべてのアルゴリズムはイージーランゲージでもプログラミングしているので、Pythonが嫌いな人でもまったく心配はいらない。あとは、プルートが手取り足取り伝授してくれる検証DIYワールドへ、そしてあなただけのアルゴリズム開発の世界へ、旅立とう！

ウィザードブックシリーズ 113

勝利の売買システム
トレードステーションから学ぶ
実践的売買プログラミング

定価 本体7,800円+税　ISBN:9784775970799

『究極のトレーディングガイド』の
著者たちが贈る究極の実践書

本書は、売買システムの開発ノウハウについて学べるだけでなく、TSのプログラミング言語であるイージーランゲージについての解説が施されており、まさに「一挙両得」の書である。

ウィザードブックシリーズ 290

アルゴトレードの
入門から実践へ
イージーランゲージによるプログラミングガイド

定価 本体2,800円+税　ISBN:9784775972595

高校数学（＝コードを書く）を
小学校の算数で説明

アルゴトレードとは、「トレードするためのルール」に従って一切の裁量を入れないでトレードすることだ。そのためのアイデアと41の仕掛けと11の手仕舞いルールのコード掲載。

ウィザードブックシリーズ 248

システムトレード
検証と実践
自動売買の再現性と許容リスク

定価 本体7,800円+税　ISBN:9784775972199

これが、本物のプロが行う本物の検証だ
アルゴリズムトレーダーのバイブル

次なる飛躍を目指す個人トレーダーにとって、本書は本物のプロの実践的アドバイスが詰まっただれにも教えたくない宝のようなものだろう！

株式トレード 基本と原則

定価 本体3,800円+税　ISBN：9784775972342

生涯に渡って使えるトレード力を向上させる知識が満載！

ミネルヴィニをアメリカで最も成功した株式トレーダーの1人にしたトレード
ルールや秘密のテクニックを惜しげもなく明らかにしている本書を読めば、
あなたは自分のトレードでミネルヴィニの手法を使って、文字どおりトレード
大会のチャンピオンのようにトレードをする方法を学ぶことができるだろ
う！

マーケットのテクニカル分析

定価 本体5,800円+税　ISBN：9784775972267

トレード手法と売買指標の完全総合ガイド

初心者から上級者までのあらゆるレベルのトレーダーにとって有益な本書
のテクニカル分析の解説を読むことで、チャートの基本的な初級から上級ま
での応用から最新のコンピューター技術と分析システムの最前線までを一
気に知ることができるだろう。

高勝率トレード学のススメ

定価 本体5,800円+税　ISBN：9784775970744

あなたも利益を上げ続ける少数のベストトレーダーになれる！

著者が長年にわたっていろいろなシステムを渡り歩き、試行錯誤を重ねた末
にたどり着いた結論を集約したものが本書である。何がうまくいき、何がうま
くいかないのか。そして、それはなぜなのか。著者マーセル・リンクが忍耐力
を身につけ常に勝てるトレーダーになるまでの道のりを赤裸々に綴ったサク
セスストーリーを今あなたにお届けする。

フルタイムトレーダー完全マニュアル

定価 本体5,800円+税　ISBN：9784775970850

相場で生計を立てるための全基礎知識

長年の経験から市場のメカニズムを直感的に理解するスキルを築き上げた
ジョン・F・カーターによる本書の特徴を一言で言うならば、「痒いところに手
が届く」というのが最も的確だろう。プロのフルタイムトレーダーとして第一
線で活躍したいという夢は、本書を手にしたあなたなら、それはもう射程内
にとらえたも同然である！

行動科学と投資
その努力がパフォーマンスを下げる

ダニエル・クロスビー【著】

定価 本体2,800円+税　ISBN:9784775972663

ヒトという不合理投資家のための特効薬！

ニューヨーク・タイムズの2017年ベスト投資本の著者による本書は、心理学を応用して資産運用の理論と実践を改善する方法を紹介している。心理学者であり、資産運用者でもあるダニエル・クロスビー博士は、私たちの投資判断に影響を及ぼす社会的・神経的・心理的要素を検証して、リターンと行動を改善する実践的な解決策を紹介している。博士は、投資家の行動に関する最新かつ包括的な検証を用いて判断過程を洗練させ、自己認識を高め、多くの投資家が抱える致命的な欠陥を避けるための具体的な解決策を提示している。

ルール
トレードや人生や恋愛を成功に導くカギは「トレンドフォロー」

ラリー・ハイト【著】

定価 本体2,800円+税　ISBN:9784775972700

伝説的ウィザード ラリー・ハイトが教える相場版『バビロンの大富豪の教え』

本書は人生の困難から学ぶという勇気づけられる話であり、間違いなく投資において不可欠な洞察と教訓にあふれている。ラリー・ハイトはミント・インベストメント・マネジメント社の創立者兼社長だった。彼が在職していた13年間に、運用資金の複利でのリターンは手数料込みで年率30%を超えた。彼は「元本確保型」という概念を初めて作り上げた。これによって、このファンドは10億ドル以上を運用した最初の投資会社となった。ヘッジファンド界のトップに上り詰めたラリー・ハイトの力強い物語から、読者は間違いなく重要な洞察と教訓を得ることができるだろう。